# 朴实无华故事

民族魂

学生成长励志故事读本

陈志宏◎编著



延邊大學出版社

·延吉·

**图书在版编目（CIP）数据**

朴实无华故事 / 陈志宏编著 . —延吉 : 延边大学出版社 , 2013.4（2024.1 重印）

ISBN 978-7-5634-5594-2

Ⅰ . ①朴…　Ⅱ . ①陈…　Ⅲ . ①品德教育–中国–通俗读物　Ⅳ . ① D648-49

中国版本图书馆 CIP 数据核字 (2013) 第 088505 号

**朴实无华故事**

主编：陈志宏
责编：孙淑芹
封面设计：映像视觉
出版发行：延边大学出版社
社址：吉林省延吉市公园路 977 号　邮编：133002
电话：0433-2732435　传真：0433-2732434
网址：http://www.ydcbs.com
印刷：天津市天玺印务有限公司
开本：155 × 220 毫米　　1/16
印张：8
字数：50 千字
版次：2013 年 04 月第 1 版
印次：2024 年 01 月第 4 次印刷
书号：ISBN 978-7-5634-5594-2
定价：38.00 元

# 前言

民族魂，是一个民族的精髓，体现了一种民族的精神，是民族存在的精神支柱。

说起民族的精神，人们通常都会想到爱国主义。从古代的屈原、岳飞，到近代为保卫祖国领土完整的人民英雄；从古代的发明家张衡、毕昇，到今天为祖国的建设事业贡献力量的科学家；从古代的李白、杜甫，到今天为民族文学艺术的提高而不懈奋斗的文学家……在他们身上，都体现出一种广义的爱国主义和爱国精神。

爱国主义是一种伟大的民族精神，也是中华民族的传统美德，与我们祖国上下五千年的历史一样源远流长。作为一种巨大的精神力量，它对中华民族的历史发展与进步产生了重大的影响。

在我国古代历史上，不仅出现过许多杰出的政治家、军事家、思想家、文学家、科学家、艺术家，还出现过一大批忧国忧民、鞠躬尽瘁的仁人志士和抗击外敌、抵御入侵的民族英雄。他们或开发和改造祖国的河山，创造灿烂的中华文明；或英勇反击民族压迫和外来侵略，捍卫国家的主权和民族的尊严；或坚决反对民族分裂，维护国家的统一和民族的团结；或顺应历史潮流，积极改革弊政，励精图治，治国安邦，施利于民……他们从不同的侧面体现了中华民族的爱国主义精神，谱写了爱国主义的壮丽诗篇，铸造了中华民族坚不可摧的“民族之魂”。

人们之所以将爱国主义精神作为中华民族精神的主要特征，是因为19世纪以来的中华民族饱受外来民族的欺凌、压迫和剥削，从而需要以爱国主义来凝聚人心、努力奋斗，从而获得民族的解放。

翻开中国近代史册，最触目惊心的是一场场的战争、一件件的国耻。深重的民族灾难，撞击着每一个爱国者的心。帝国主义列强发动了第一次鸦片战争、第二次鸦片战争、中法战争、中日甲午战争、八国联军之役等大小100多次战争。每一次战争，都以强迫清政府签订不平等条约而结束。

面对亡国灭种的威胁，华夏大地的炎黄子孙们掀起了波澜壮阔的爱国热潮，创造了光照千秋的爱国主义业绩。中华民族所散发出来的民族精神，无论在深度和广度上都是前无古人的。无数民族英雄、志士仁人，在救国图存、振兴中华的斗争中所表现出来的爱国精神，既是对中华民族古代爱国主义传统的继承与发扬，又具有鲜明的时代特征。

除了爱国主义之外，勤劳、勇敢、诚信、团结、知礼、尊贤、节俭、敬业，热爱和平、不屈不挠、自强不息、励精图治、开拓创新等，也都是中华民族的精神精髓，是中华民族灵魂的具体表现。在五千年的历史中，我们的先辈在这片土地上，以这种高尚的品行和美德不断地开辟，才有了如今屹立于世界民族之林的东方强国。作为一个有着漫长历史的积淀与升华的民族，伟大的民族精神早已烙刻在了我们每个人的灵魂深处，与我们的血肉融合在一起。

青少年是国家的希望，也是民族不断发展和延续的根本。总有一天，我们的民族精神、我们祖国的这片神奇的土地要传到当代青少年手中。从这个意义上来说，我们民族精神的生机与活力，我们祖国的命运与前途，也掌握在青少年的手中。因此，青少年的爱国主义教育和励志图强教育也就显得更加重要。为了增强和提升国民教育，尤其是青少年的爱国主义精神、民族精魂志向，我们精心编写了本套丛书——《民族魂——学生成长励志故事读本》丛书。

本套丛书将有史以来体现民族精神和民族灵魂的典型事迹，以通俗易懂的故事形式娓娓道来，非常适合青少年的阅读水平和欣赏口味。书中提供了古往今来多个典型人物和事件典范，展现出的人物也涉及社会的各个层面，有利于青少年立心、立志、爱国、进取，从而全方位地领悟中华民族的精神、灵魂之所在。

在本套丛书中，为帮助读者更好地理解和学习这些源远流长的美好精神，我们还在每一篇故事后面给出了“心灵物语”，旨在令故事更加结合现代社会，结合我们自身的道德发展，提高我们的民族爱国精神，并由此而引发读者进一步的思考。

深刻的哲理人生，表现了博大精深的文化；精彩的人物事迹，道出了励精图治的典范；历代的爱国故事，喻出了民族精神的深意；高尚的品德展现，浓缩了上下五千年的灿烂文明……我们希望，青少年朋友们通过阅读本套丛书，能够受到深刻的爱国主义教育，能够真正体会到中华民族的灵魂所在，同时更能够汲取精华，励精图治，为提升自己的个人素质、为祖国未来的建设和发展作出努力。

全套丛书分类编排，内容详尽，文字优美，风格独具，是广大读者，尤其是青少年爱国励志教育的优秀读物。我们相信，本套丛书一定可以成为青少年朋友们的良师益友。

# 导言

质朴，即本质朴素，指一种很自然的状态，一个人天真自然而不装腔作势，朴素无华而不矫揉造作，都可以称为质朴。美好的东西一般都是质朴的，因为它自信得无须用华丽的外表去修饰。质朴不是纯天然的无色无味的物质，质朴不特指穿粗麻布衣、素面朝天的人，也不特指“老黄牛”般的品性。质朴是经过文明浸染、经受风吹雨打依然坚实本真的人格内涵。质朴的人不自私，不唯我，通常有宽厚的胸怀和容人之量，他们诚实，不矫情，不造作；他们与人为善、善解人意；他们对世界怀有一种崇敬之念，追求真、善、美；他们有一种脚踏实地而又超然的智慧。

简约，即单纯、纯粹。简约并不是单纯的简单，它涵盖的内容更充实、更形象。文字可以简约，外观可以简约，服饰可以简约，生活也可以简约。古往今来，我们的生活原本很简单。日出而作，日落而息，朴实的劳动，和谐的生活，人类就这样度过了千万年沧桑岁月。随着社会的发展，财富的增加，生活由简约走向了繁复。这种繁复的活法，使人们逐渐开始追逐享乐，追逐华而不实，追逐出人头地。简约生活，就是人要活得简单些。简约生活是一种理智的生活态度，一种豁达的人生态度，一种向上的健康心理。简约生活就是不为利忧、不为物扰，心胸豁达、宠辱不惊。

如今，质朴和简约的心态以及生活似乎离我们很远了。在这物欲横流的时代，人们大多追求名利，追求物质，追求奢华，追求享受；已经缺失了质朴的情怀，质朴的思想，质朴的心态，质朴的品德。许多人为了一己私利、一时功名，在社会上与人勾心斗角，尔虞我诈，于是活得累，闹得精疲力尽，名利得到了，但落下一身病痛；为了猎取身外之物，人与人之间不惜互相算计，互相陷害，于是活得沉重，没有幸福可言。简约生活，就是要抵制诱惑，克制欲望。正是欲望使简单的生活演变得复杂了。

我们要想活得轻松和幸福，就应该让复杂的生活简单些，让烦恼的心情快乐些。俗话说“无欲则刚”，是说没有欲望，则活得会很轻松、很坚定。只有“无欲”，才能胸怀坦荡、心胸开阔。在本书中，我们从古代先贤和近、现代楷模的事迹中，精选出一些典型故事。从这些故事中能够看到他们身上那种淡泊名利、质朴简约的精神，这些依然是我们今天学习的榜样。希望大家通过阅读此书，从中受到教益和启迪，学习他们的这种精神和品格，做一个品德高尚的人，为国家的建设以及和谐社会的建立，作出自己应有的贡献。

# 目录

CONTENTS

# 第一篇

# 正直朴素为官

# 孙叔敖一生质朴

孙叔敖（约公元前630—前593年），蒍氏，名敖，字孙叔，春秋时期楚国期思（今河南固始）人，楚国名臣。孙叔敖在海子湖边被楚庄王举用，公元前601年，出任楚国令尹（楚相），辅佐楚庄王施教导民，宽刑缓政，发展经济，政绩赫然。他主持兴修了芍陂（今安丰塘），改善了农业生产条件，增强了国力。司马迁《史记·循吏列传》列其为第一人。

春秋时期，楚国的大夫孙叔敖是一位著名的政治家，他品德高尚，常被后人所称道，被认为是圣贤之人。

在狐丘这个地方，住着一位老者，人称狐丘丈人。

有一次，狐丘丈人对孙叔敖说："一个人容易招来别人怨恨的原因有三种，你知道吗？"

孙叔敖恭敬地问："它们是什么呢？请说给我听听。"

狐丘丈人道："爵位高，令人妒忌；官位大，君主怨恨他；俸禄厚，使人疏远他。"

孙叔敖说："你说得有理。我将这样做：我的爵位越高，对人的态度就越卑下；我的官位越大，贪求之意就越减少；我的俸禄越厚，我就越加施舍给别人。倘若这样，就可以免去这三种怨恨了，你说对吗？"

狐丘丈人道："说得好啊，这样一来你的品德可比尧舜了。"

从此，孙叔敖便恪守此言，在他一生的为官生涯中，总是谦卑、退让、虚心利人。正因为这样，他的生活也平安顺利、舒畅自在。

孙叔敖也很有政绩。他曾在河南商城附近兴修水利工程，又开凿了芍陂，蓄水灌田。这些事在古代都是极不容易的大事业，它们带给了百姓巨大的利益，是泽及百世的。

当时，天下纷乱，楚国和晋国常有交战，在最后的一次决战中，孙叔敖辅助楚庄王，大胜晋军。楚庄王考虑到孙叔敖功劳卓著，就打算封一些土地给他。

然而，孙叔敖却对楚庄王说："我虽然并不非常富有，但陛下现在给我的俸禄已经足够了，我一家之人用不了那么多的财物，况且，土地在陛下手中是可造福国家的，我怎敢为自己谋利呢？"

楚庄王听完孙叔敖的话，也就没有强求，不过他对孙叔敖却更加赞赏、更加信任。

孙叔敖对楚国不断有功，非别人可比，庄王觉得不奖赏他于心不安，就几次提出要封地给他，可孙叔敖每次都推辞了。

孙叔敖对楚国鞠躬尽瘁，在他得病将死时，他将儿子叫到身边，告诫道："过去楚王曾经多次要封给我土地，我都没有接受。我死以后，楚王一定会封土地给你的，你不能再推辞了，但要牢记，千万不要接受膏腴的土地。在楚越交界处，有一个地方叫寝丘，此地非常贫瘠，是个不毛之地，没有人愿意到那里生活。要想永久保持为自己所有的话，只有要这一块土地。"

孙叔敖的儿子点头称是，表示不敢违命。

果然，孙叔敖死后，楚庄王就要把一块膏腴的土地封给他的儿子，他的儿子再三推辞，说："大王之心我已心领，不过父命难违，如大王非要赐予的话，别处我一概不要，只要寝丘这个地方。"

楚庄王接受了他的请求，便将寝丘封给了他。

其实，孙叔敖心中明白，庄王也爱宝地，封给别人自己会心疼，以后若不高兴，没准找个借口就会要回去，并且可能招致杀身之祸；再加上别人的觊觎，那日子难免要战战兢兢！

孙叔敖的后代得到寝丘后，便没有再失去它。

## 心灵物语

孙叔敖一生质朴，他明白，只有质朴才是最真实、最持久的。一个人具有质朴的品格，才不会“乱花渐欲迷人眼”，从而保持本真。这种品格在中华民族发展史上，一直受到人们的推崇。

## 史海钩沉

### 孙叔敖施教导民

孙叔敖是春秋时期楚国的第一良吏。他出身于基层，因此对民众的心愿有着切身的体会。

孙叔敖制定的“施教导民”的治国安邦方略，就是不靠政令强行推行，而是依农时、顺民意，由官府带头倡导，让百姓仿效。据史书记载，孙叔敖在任令尹期间，有几件事就是采取“施教导民”办成的。

在秋冬的农闲季节，他号召官府引导百姓进山砍伐竹木，猎取禽兽；春夏河水上涨之时，他引导百姓用河水运出山里的竹木和捕捞鱼虾。

楚庄王曾下诏将钱币造大，结果民众感到携带不便，造钱业主也嫌成本提高而纷纷转行，市场管理混乱。孙叔敖顺应民意，建议楚庄王恢复原制。

当时，楚国有一个习俗，就是喜欢坐矮车。可是马高车矮，行车不快，楚庄王就想下令改进。对此孙叔敖表示赞成，但他不赞成发布政令，而是建议将乡间的门槛提高，让矮车无法通行，并将官府的车辆变成高车，可以自由通行。不到半年，全国的马车都变成了高车。

这些方略的实施，使楚国的经济得到了快速的发展，百姓安居乐业。

孙叔敖的“施教导民”方略可谓富国强邦之举，被司马迁赞为“不教而民从其化”。后来，这个方略也被其他六国推广。

## 文苑荟萃

### 芍陂水利工程

孙叔敖在楚国任令尹时，在淮河流域修建了一个著名的水利工程——芍陂水利工程。

芍陂又称安丰塘，实际是一座大型的水库。这座水库的建成有效地防止了淮河的水患，灌溉了大片的良田，对楚国的经济发展起到了巨大的作用，同时也为楚国后来称霸奠定了经济基础。

# 叔向正直朴素

祁奚（公元前620—前545年），姬姓，祁氏，名奚，字黄羊，春秋时晋国人（今山西祁县人），因食邑于祁（今祁县），遂为祁氏。周简王十四年（公元前572年），晋悼公即位，祁奚被任命为中军尉。祁奚本晋公族献侯之后，父为高梁伯，因食邑于祁，遂以祁为姓。“下宫之难”后，晋景公曾以赵氏之田“与祁奚”。悼公继位，“始命百官”，立祁奚为中军尉。平公时，复起为公族大夫，去剧职，就闲官，基本上不过问政事了。祁奚在位约60年，为四朝元老。他忠公体国，急公好义，誉满朝野，深受人们爱戴。盂县、祁县有祁大夫庙。

春秋时期，晋国的大夫叔向因栾盈之党叛乱而受到株连。在被捕入狱后，有人对叔向说：“你之所以犯罪入狱，大概是因为你不聪明吧。”

叔向自我安慰地回答说：“虽然我被囚禁了，但总比死了好些。《诗经》上说得好，‘优哉游哉，聊以卒岁’。”

叔向有个熟人名叫乐王鲋，也是晋国的大夫。这个人有些诡计多端，是晋国国君身边的人。当他知道叔向入狱后，便去监狱看望叔向，并对叔向说：“我打算救你出狱。”

叔向知道乐王鲋的为人，所以并没有答应。乐王鲋走时，他也没有表示感谢。

人们都觉得奇怪，就责备叔向说：“乐王鲋是跟随晋侯的人，他可在晋侯面前为你说情呀！只要他肯救你，就一定能行啊！你为何还不答应呢？”

叔向说：“我希望一个秉公正直的人来救我。”停了一下，叔向接着说：“这个人就是祁奚，他外举不避仇，内举不避亲，是个非常公正的人！如果他知道我的情况，一定会来救我。”

乐王鲋被叔向拒绝之后，心中十分不满，总想报复叔向。后来，晋侯问乐王鲋：“叔向究竟犯了什么罪？”

乐王鲋就回答说：“叔向是栾盈的同谋。”

可是就在同时，叔向受到株连的事被祁奚知道了，祁溪马上去找范宣子商量，希望他能把叔向救出来。范宣子也是晋国的大夫，并且为人公正，听说叔向是受株连的，也很乐意出力相救。

经过范宣子的营救，叔向终于出狱了。但是叔向认为，他们救他是为公而不是为私，所以也没有去感谢他们。

## 心灵物语

质朴的叔向把一切看得很坦然，乐王鲋去监狱看他，他没有丝毫的开心，却一直相信祁奚会来救他。而获救之后也并没有因为得救而去感谢祁奚，因为他觉得他们这么做纯属为公。叔向的正直朴素可见一斑！

## 史海钩沉

### 祁奚荐贤

祁奚在政治上没有得到什么施展抱负的机会，但祁溪荐贤却成为千古美谈，为后人所称颂。

祁位于帝尧的封地，有着“尧之遗风”，百姓勤俭质朴，“崇节义多劲直之气”，这种品质在祁奚的身上表现得尤为突出。

祁奚在请求辞职时，晋悼公问谁可以代中军尉一职，祁奚举荐了解狐。晋悼公很不解，就问祁溪说，解狐可是你的仇敌，你怎么会推荐他呢？祁奚回答说：“君问可，非问臣之仇也。”

解狐死了后，祁奚又推荐了祁午。悼公又问，祁午可是你的儿子，你不怕外人说吗？祁奚回答说：“君问可，非问臣之子也。”

这就是祁奚外举不避仇、内举不避亲的故事。

## 文苑荟萃

### 先秦时期

先秦是指秦朝建立之前的历史时代，经历了夏、商、西周，以及春秋、战国等历史阶段。

在长达1800多年的先秦历史中，中国的祖先创造了光辉灿烂的历史文明，其中，夏商时期的甲骨文、殷商的青铜器等，都是人类文明的历史标志。这一时期的大思想家孔子和其他诸子百家，也开创了中国历史上第一次文化学术的繁荣。军事家孙武的《孙子兵法》，至今仍被广泛应用于军事、经济等领域。屈原则是中国历史上的伟大诗人。战国时期的《甘石星经》是世界上最早的恒星表。这个历史时期，也是中国从分散逐步走向统一的历史时期。

# 裴谌居深山修身养性

隋炀帝杨广（569—618年），隋朝的第二个皇帝，唐谥炀皇帝，洛阳王世充所立之隋恭帝杨侗谥为世祖明皇帝，夏主窦建德谥闵皇帝。一名英，小字阿䴢。隋文帝杨坚次子，母文献独孤皇后。开皇二十年（600年）十一月被立为太子，仁寿四年（604年）七月继位。登基后，在位期间曾修建大运河，营造东都洛阳城，开拓疆土畅通丝绸之路，开创科举，三征高丽等。

隋朝时期，由于两代皇帝都笃信道教，就连隋文帝开皇年号都取自于道经，所以，社会上信道修身养性的人非常多。

隋炀帝大业年间，裴谌、王敬伯、梁芳三人相约结成脱离尘世的方外之友，一起进入白鹿山修身养性学道。

他们起初以为，黄金、白银都可以炼成，不死之药也一定可以求得，至于腾云驾雾、飞升成仙，无非是要长年累月地坚持苦学，最终总会如愿以偿的。于是就辛勤采炼，手掌脚底都生满了老茧。然而，炼了十余年，却仍然没有什么结果。

后来，梁芳死了。王敬伯见梁芳一死，思想就产生了动摇，他对裴谌说：“我们去国忘家来到深山，是指望有朝一日能乘云驾鹤，游戏于蓬莱仙境，至少希望长生不死。如今仙海茫茫，长生不老又得不到，到头来不免会像梁芳一样，在默默无闻中死去。我想离开这荒凉境界，回到家乡享乐、做官。我们不能白白死在这深山！”

裴谌却回答说："我是梦醒的人，不再迷茫不清了。"

而王敬伯主意已定，裴谌也留不住他，只好让他归去了。

王敬伯回到故乡，利用原来的门第关系，被调任左武卫骑曹参军。不仅如此，大将军赵朏还把女儿嫁给了他。

短短几年间，王敬伯就官至大理寺评事。大理寺评事是掌管狱案的官，在朝中可穿绯色袍服。王敬伯对此荣贵暗自欢喜不已。

有一天，王敬伯奉圣旨往淮南出巡，乘船路过高邮。因他是朝廷命官，在朝中有一定的地位，出巡也相当气派，沿途舟船见了都要退避三舍。王敬伯站在船前，悠然自得地欣赏着两岸秀丽的景色。

船走着走着，天慢慢地降下了微雨，一时间江上烟雨蒙蒙。忽然有一条渔船抢前驶去，船中有一个老人，穿着蓑衣，戴着笠帽，行船如风。

王敬伯自以为是朝廷派来的钦差，威震远近，这条渔船竟敢超前而过，自己倒要看它一个究竟。

于是，他忙命船夫奋力赶上，叫渔船停下，一看，船中的老人竟是裴谌。王敬伯既感到惊讶，又兴奋异常，让船夫将裴谌的小船系到官船上，请裴谌到自己船上坐定。

王敬伯握着裴谌的手，问道："吾兄为了修身养性，久居深山，将功名富贵抛弃一边。今天如何落得这等地步？要知道，风是不能用绳子去系的，影子更不能用手去捉。古人厌倦长夜，还要秉烛夜游，何况年纪还轻，为什么要如此虚度光阴呢？我敬伯自从出山以后，只有几年时间，如今已官至大理寺评事。皇上赐我绯色袍服，又因我聪明能干，特派我去淮南处理疑难狱案。我此刻虽说不上是官运通达，但比起你这山中布衣，自以为略胜一筹。"

裴谌听了王敬伯的一番话后，不由得一阵哈哈大笑。笑毕，他说："猫头鹰在树上啄食腐鼠。空中飞过一只鸾凤，猫头鹰怕鸾凤来抢食，就'吓'地一声驱赶鸾凤。其实鸾凤栖梧桐，食素食，对那腐鼠根本不屑一顾。吾辈是山间野人，心中只想同鸾凤为朋，云鹤为友，一心养性修身，与大人的高官得志正是鱼鸟殊途，何必要用绯袍对山人矜夸炫耀呢？”

王敬伯一时无言以对。裴谌说完，倏然而去。

## 心灵物语

裴谌潜居深山一心养性修身，并且不为荣华富贵所诱惑，正合了道教所提倡的去其名利欲望才能养性的思想。

## 史海钩沉

### 道教的产生

道教是我国土生土长的宗教，对我国的历史文化产生了长久的重大影响。

道教因以“道”为最高的信仰而得名，相信人们经过一定的修炼可以得道成仙、长生不死。

道教尊老子为教主，将老子奉为神明，并以《道德经》《南华经》(即《庄子》)等为主要经典，并对其中的文词作出了宗教性的阐释。道家思想也是道教的主要思想渊源。

此外，道教还吸取了阴阳家、墨家、战国时期以来的神仙方术、秦汉时期的黄老术和汉代的谶纬迷信思想等，思想相当驳杂。

道教成为一门独立的宗教始于东汉时期。东汉顺帝(126—144年)时，有个名叫宫崇的人，献上了他的老师于吉所得的“神仙书”——《太平经》。然而顺帝却视其为妖妄不经，仅收藏之。

后来，该书在民间流传，为张陵与张角奉行，便演变成为五斗米道与太平道。五斗米道是张陵于东汉顺帝时在巴蜀鹤鸣山创立的，他自称出于太上老君的口授而造作道书，凡入道者都要缴纳五斗米，故而称为“五斗米道”。五斗米道主要是教人奉道，以符水咒语治病。这一派的教徒尊张陵为天师，故而又称“天师道”。

太平道是张角于东汉灵帝时(168—189年)所创，以《太平经》为经典。张角对《太平经》加以压缩删节，进行改造。太平道在当时宦官外戚专权、豪强并举、阶级矛盾十分尖锐的情况下发展起来，教徒多达数十万，遍及青、徐、幽、冀、荆、扬、兖、豫八州。

中平元年(184年)，太平道发动了黄巾起义，一时“八州同时俱发”“天下响应，京师震动”。

可以说，五斗米道与太平道在当时与下层民众相结合，并在农民起义的斗争中发挥了一定的作用。

## 文苑荟萃

### 老子的无为思想

老子提出了“无为”的主张，原因是老子的修行达到了绝顶的高度。当修行达到玄同高度后，就明白世间的一切都是虚幻的。而老子已经超越这一高度，因此，老子明白一切“为”，不管有为无为、大为小为，都是无，都是空。基于这种原因，老子提出了无为的思想。

老子认为，“无其为，是为；无其事，是事；无其味，是味”。这句话说的是事物本相。由此可见，无为就是“心知其空而为之”，也就是“心不著相”“不执著”。

“心知其空而为之”，只有圣人才能做到，所以圣人不失道。普通百姓只知道其“有”，不知其“无”，百姓之“为”都是“有为”，所以百姓失道。

为了救度百姓，使百姓达到“无为”的高度，并由此回归大道，老子在《道德经》的开篇便旗帜鲜明地提出了“不得”的主张，吹响了“不得”号角。高明的老子清楚百姓“执著有”，不能“知其本空”，先天之“无”不知，却懂后天之“无”，因此，老子便用“不得”二字提醒百姓，申明“不得”才是上德。

# 郑板桥“难得糊涂”

郑燮（1693—1765年），字克柔，号板桥，也称郑板桥，是清代著名画家、书法家。江苏兴化人，应科举为康熙秀才，雍正十年举人，乾隆元年（1736年）进士，官山东范县、潍县县令，有政声“以岁饥为民请赈，忤大吏，遂乞病归”。郑燮做官前后均居扬州，以书画营生，所作书画传颂一时，为“扬州八怪”之一，其诗、书、画世称“三绝”。郑燮擅画竹兰，一生画竹最多，次则兰、石，但也画松、画菊，是清代比较有代表性的文人画家。

郑板桥是江苏兴化人，清画家、书法家，扬州八怪之一。他在道学的影响下平生注意养性，生性仁慈，笔下的竹石名画闻名于世。

郑板桥年少时家境贫寒，并且母亲在他很小的时候就去世了，可他却没有因身处逆境而颓废，相反，他发奋努力学习，终于成为远近闻名的大学问家，并在乾隆元年考中了进士。

成年前的艰苦磨难，养成了郑板桥品行敦谨但落拓不羁的处世风格。进士及第后，他更加注重自己的品行修养，深感一个人养性的好坏直接影响到人的身体健康。

当官以后，郑板桥还经常把自己所作的诗画卖钱换米，救灾扶危。他说：凡吾画兰、画竹、画石，用以慰天下劳苦之人，非以供天下安享之人。而对于功名富贵，他看得极轻。他是一位爱善良、恨邪恶，“只画春风不画寒”的怪杰。

郑板桥热心地帮助别人，但他自己却从来不肯收别人的东西。他任潍县县令时，有一年，全国各地纷纷发生重大的自然灾害，尤其是山东一带，干旱使得田地干裂，颗粒无收。灾民们纷纷拉家带口，背井离乡，流落四方。有许多流民跑到潍县一带，把大路堵塞了，夜里就露宿在路边。成千上万的流民饥寒交迫，破衣烂衫，那情景确实是惨极了。

当时，郑板桥可谓心急如焚。按常理说，此时应开仓赈济灾民，可是上面却不允，就连地方豪绅也反对开仓赈灾。豪绅们还给郑板桥送来了厚礼，希望他不要开仓赈灾。但郑板桥坚决退回了厚礼。

为了救民众于水火，郑板桥作了一幅画送给山东巡抚，并题诗曰：

衙斋卧听萧萧竹，疑是民间疾苦声。
些小吾曹州县吏，一枝一叶总关情。

然而，巡抚仍不许郑板桥开仓放粮。

这一天，郑板桥到郊外体察民情，看到满目凄凉的场面，犹如万箭穿心，再也不愿顾及上面不让开仓赈灾的命令了，毅然对灾民们宣布：开仓赈灾！

灾民们簇拥着他向县粮仓走去。

这次赈济灾民得罪了当地豪绅，当地豪绅联名告郑板桥。巡抚下文斥责他，并最终解除了他的县令职务。郑板桥对此淡然处之，他没有为自己申辩，带上属于自己的行装就归居扬州了。

扬州这个地方可谓人杰地灵、山水秀丽，正合了郑板桥养性修身的愿望，于是，他在这里以卖画教书为生，自得其乐。

郑板桥52岁时始得一子，他非常喜爱，但他更疼爱仆人的孩子。他说："家人儿女，总是天地间一般人，当一样爱惜，不可使吾儿凌虐他，凡鱼食果饼，宜均分散给，使大家都欢喜跳跃。"有这样的仁慈之心、厚爱之意，可谓养性之果呀！

晚年，郑板桥不仅以卖字画为生，更进一步自耕谋食，真正过起了一种世外桃源的生活。

这时候的郑板桥，对一切都看得很开。他常常觉得，人的一生就像一场梦一样，不必过于苛求。所以他时常离开人群，独自在荒无人烟的野外散步，觉得清静极了。他曾写下了著名的座右铭《难得糊涂》："聪明难，糊涂难，由聪明转为糊涂更难……"

郑板桥大事清楚，小事糊涂，从不计较个人得失，立志不做那种争功求利的小人。他习字作画，一身之力集毫端，烦恼往事化云烟，心底无私天地宽，最终悠闲自得地度过了古稀之年。

## 心灵物语

清代部分道教学者偏重发扬道教的养生之道，郑板桥虽然不是道士、道学家，然而，他受道教的影响很深，完全可称得上是一位道教养性观的实践者。尤其是"难得糊涂"，可谓集道学养性修身之大成了。

## 史海钩沉

### 扬州八怪

扬州八怪是我国清代中期活动于扬州一带的一批风格相近的书画家的总称，也称扬州画派。

扬州八怪的称呼由来已久，但八个人的名字却互有出入。据李玉棻《瓯钵罗室书画过目考》中的"八怪"为罗聘、李方膺、李鳝、金农、黄慎、郑燮、高翔和汪士慎。此外，各书列名"八怪"的，还有高凤翰、华嵒、闵贞、边寿民等。

从清康熙末年开始，到嘉庆四年"八怪"中最年轻的画家罗聘去世，"八怪"活跃了近百年。他们绘画作品为数之多、流传之广，无可计量。仅据今人所编《扬州八怪现存画目》记载，国内外200多个博物馆、美术馆及研究单位收藏的就有8000余幅。作为中国画史上的杰出群体，扬州八怪已闻名世界。

在扬州当地还流传着这样一种说法：扬州八怪是指扬州地区的“丑八怪”。由于当时扬州八怪的艺术风格不被所谓的正统画派所认同，而且他们追求的是自然、真实、现实，因此就把一些生活化、平民化的东西都搬入自己的书画作品当中，甚至把社会的阴暗面也揭露出来。这种行为令统治者的利益受损，故而说他们是画坛上不入流的“丑八怪”，“扬州八怪”也因此得名。

## 文苑荟萃

### 板桥三绝

郑板桥的三绝为诗、书、画。而三绝中又有三真，即真气、真诀、真趣。

郑板桥善于画画，尤其擅长画竹和兰。他的竹、兰之作遍布世界，驰誉中外，深得人们的喜爱和推崇。他也擅长书法，楷、行、隶三体相兼，以画法入笔，用隶体掺入行楷，自成一格，号称“六分半书”，后人称之为“乱石铺街”。

郑板桥还擅长诗文。他的作品明白流畅，不受声韵格调的束缚。其中，《悍吏》《私刑恶》《孤儿行》《逃荒行》等作品描写了百姓的疾苦；《家书》《道情》等作品自然坦率，为世人所称道。

由于诗、书、画独具一格，故而人称郑板桥诗、书、画三绝。郑板桥也寄兴于诗、书、画当中，在创作过程中将诗、书、画三者巧妙地结合起来，达到了一种新的艺术境界，从而使他精神上有所寄托，豁达乐观。这也是他养生长寿的重要因素。

# 王畅自谦朴实无华

王畅（？—169年），字叔茂，东汉山阳郡高平县（今邹城市西南部）人，出身显贵家庭，其父王龚，位至太尉。王畅列于三公，号称雅士。通晓《周易》，是当时易学名家刘表之师。儿子王谦，官至大将军何进长史；王谦的儿子王粲（177—217年），字仲宣，东汉末年著名文学家，是建安七子之一，由于其文才出众，被称为“七子之冠冕”。

王畅少年时期便以朴实著称，不喜欢与他人结交。起初，他被举为孝廉，以有病为由而不接受。大将军梁商特地征召他为茂才，四次迁升至尚书令，出为齐相。后来，王畅又被拜为司隶校尉，转渔阳太守，他所在之处都以严明著称。后因事被免官。

当时，国家的政务多由尚书处理，汉桓帝特命三公挑选有功劳和有才能之人。太尉陈蕃便推荐王畅，认为他清明公正，有不可侵犯的本色，因此王畅又重新担任尚书。

不久，王畅又被拜为南阳太守。此前的几任太守都惧怕帝乡贵戚，因此多不称职。王畅对此十分痛恨，到任后不惧强权，那些豪强有罪行的，没有不被追查揭露的。

由于正赶上大赦，事情也就不了了之。王畅对此事感到悔恨，便又重新制定法令：贪赃达两千万贯以上而不自首的，没收全部财物；如果隐藏赃物，便要派吏掘屋伐树，填井平灶。豪门大户颇为震动。

功曹张敞上奏劝谏说：“五教在宽，着在经典之中。商汤去网开三面，八方归顺。武王进入殷都，先除去炮烙之刑。高祖以秦为鉴，只定三章之法。孝文皇帝被缇萦感动，去除肉刑。卓茂、文翁、召父等人，都痛恨严刑苛法，极力崇尚温和宽厚。仁贤之政，流传后世。明哲之君，渔网可漏吞舟之鱼，然后日月星三光照耀于上，人物喜悦于下。说起来很远，但其效应很大。掘屋伐树，将十分激烈，虽然是要惩恶，却难以远闻。以明府上智之才，日月之明，施仁惠之政，则海内改观，确实如同折一树枝般容易，并无挟山之难。郡为旧都侯甸之国，园庙出于章陵，三后生自新野，士女沾染教化，百姓敬仰风流，自中兴以来，功臣将相，世代隆盛。我以为急于用刑罚，不如施恩于民；不停地追查犯人，不如礼贤下士。舜用皋陶，不仁之人便远远离开。随会执政，晋盗逃往秦。虞、芮入境，谦让之心自生。教化在于德，不在于用刑。”

王畅完全接受了张敞的劝谏，崇尚宽和政治，简省刑罚，于是教化得以施行。

当时，郡中的豪族多以奢侈互相攀比，而王畅却常常使用布衣皮褥，乘坐破旧的车马，以此纠正奢侈之风。同郡刘表当时17岁，跟从王畅学习。他进谏说：“奢侈不超过上司，俭朴不接近下等，遵道行礼，贵在可与不可之间。蘧伯玉以独为君子为耻。府君不迎合孔子之明训，而仰慕伯夷、叔齐的小操行，恐怕是把自己放在世俗之上了吧？”

王畅说：“昔日公仪休在鲁，拔除园中葵，赶走织妇；孙叔敖做楚相，他的孩子披着毛皮砍柴。因俭约而有过失的很少。听到伯夷之风尚的，贪婪者变得廉洁，懦夫有了志气。虽然我德行不高，但也仰慕先人的遗风。”

## 心灵物语

王畅自谦自己德行不高，时刻向先人看齐，时常布衣皮褥遮体，破旧车马出行，别人提出的好的建议也会欣然接纳。他为人简简单单，朴实无华，从来不炫耀自己，值得后人学习。

史海钩沉

## 党锢之祸

东汉自汉和帝以来，宦官与外戚便交互倾轧，令朝政日益败坏，从而引起士大夫们的不满，希望能通过“清议”来力挽危局。结果，当权的宦官假借皇帝名义对反对自己的士人及太学生进行全面打击，最终导致了党锢之祸的发生。

第一次党锢之祸的导火线是166年的“张成案件”。当时，河内豪强张成指使儿子杀人，而李膺在收捕其子后，不顾大赦令而杀之。于是，宦官侯览便指使张成的弟子上书，诬告李膺等人。汉桓帝听信谗言，下诏逮捕党人。结果李膺、范滂、杜密、御史中丞陈翔等200余人被逮捕下狱。

由于被捕的都是一些有名望的人士，很多人便以不在党人名单中为耻。度辽将军皇甫规上书说：“臣前荐故大司农张奂，也是附党之人。”太学生张凤等也上书自称自己是附党，应该连坐。后来，同情党人的窦武便上书为党人求情，说这样做会使天下寒心，汉桓帝才下诏释放了部分党人。第一次党锢之祸就此结束。

第二次党锢之祸发生在169年。这一年，宦官侯览指使人诬告山阳郡东部督邮张俭结党，图危社稷。同时，又将上次的党锢也牵扯进去。汉灵帝昏庸无道，遂准其奏。于是，李膺、范滂等百余人又被逮捕，并且死于狱中，张俭外逃出境才得以幸免。宦官又将天下豪杰及儒学有行义者都指为党人，死、徙、废、禁者达六七百人。176年，灵帝又下诏州郡，凡是党人的门生故吏、亲属为官者，全部免官禁锢。

这次事件的打击面更宽，惩治也更残酷，令社会陷入一片黑暗和混乱之中。184年，黄巾起义爆发，汉廷才宣布大赦党人，党锢问题才算最后结束。

文苑荟萃

## 东汉“三君”“八俊”“八顾”“八及”“八厨”

东汉时期，由于宦官集团的残酷迫害，太学生便将敢于同宦官作斗争的知名人物冠以“三君”“八俊”“八顾”“八及”“八厨”等称号。他们共相标榜，指天下名士为称号，“上曰三君，次曰八俊，次曰八顾，次曰八及，次曰八厨。”

其中，以窦武、陈蕃等为三君，“君”指受世人共同崇敬；以李膺、王畅等为八俊，“俊”指人中英雄；以郭泰、范滂等为八顾，“顾”指品德高尚而及于人；以张俭、刘表等为八及，“及”指能引导人追行受崇者；以度尚、张邈等为八厨，“厨”指能以财富救助他人。

这种相互的激励，使这些人士与朝廷权宦们对立的情绪更为强烈。宦官们的行为非但不能使党人屈服，反而更激发了他们的斗志。

# 王通为国献策拒仕途

王通（584—617年），字仲淹，隋绛州龙门（今山西河津）人，是隋代山西的一位私人教育家，死后，门弟子私谥为“文中子”。

隋朝年间，山西龙门县有个名叫王通的人，曾写了一部《太平十二策》，特地到京城献给皇帝。可是，皇帝却没有理睬他，王通只好又回老家了。

回家后，王通做了教书先生，门下有很多弟子，其中许多都是从很远的地方慕名而来的。当时朝廷重臣杨素听说此事后，非常看重王通，便劝他出来任职，为国效力。

王通说：“我不愿意做官。为什么呢？我的祖先留下的破草屋足以遮风挡雨，几亩薄田收获的粮食足够喝粥充饥。读读书，和弟子们议论议论治国之道，我自己感到很快乐。希望你能刚直、公正地治理国家，使天下太平祥和、丰衣足食，这就是对我最大的恩惠了。”

## 心灵物语

王通写《太平十二策》送予皇帝，皇帝并没有理睬，而他做了教书先生之后，很多远方的人都慕名而来。当别人劝其为国家效力时，王通表现得很直率。他不顾及自己的感受，只求国家太平、人民丰衣足食即可，从中可以看出他朴实的品质与忠厚的性格。

## 史海钩沉

### 隋朝的建立

北周宣帝时期，政治腐败，人民的负担日益加重，导致阶级矛盾尖锐化，也引起了统治集团内部的分裂，这就给以杨坚为首的政治势力夺权创造了机会。

杨坚的父亲杨忠是北周的功臣，位至柱国、大司空，封隋国公。杨坚继承了父爵，在北周有很高的地位。

580年，周宣帝病死，继位的周静帝仅8岁，杨坚便以大丞相身份辅政，控制了北周的军政大权。不久，相州（河南安阳）、郧州（湖北安陆）、益州（四川成都）等地总管先后起兵反对杨坚，都被平定。581年，杨坚废周静帝自立为帝，建国号为隋，改元开皇，仍以长安为都。杨坚就是隋文帝。

隋朝建立后，隋文帝杨坚采取了一系列强化中央集权、发展社会经济的措施，其政治、军事和经济力量也日益壮大。

587年（开皇七年），隋文帝先灭掉了建都江陵的后梁。次年，隋文帝又派杨广率领51万大军向陈发动总攻。当隋兵临江，守江诸军一再飞书告急时，陈后主还与宠姬张丽华、孔贵嫔以及大臣江总、孔范等“奏伎纵酒，赋诗不辍”。589年正月，隋将韩擒虎、贺若弼率军渡江，顺利攻下建康，俘虏了陈后主及其文武大臣，灭了陈国。590年（开皇十年），隋大将杨素又镇压了南方一些豪强势力的叛乱，沉重地打击了南朝的门阀士族。

隋的统一，结束了自东晋十六国以来270多年的分裂割据局面，建立了统一的中央集权国家，促进了各民族的融合和经济文化的发展。

## 文苑荟萃

### 《中说》

《中说》一书也称《文中子中说》，成书于唐贞观年间（627—649年），是由王通的儿子根据王通弟子程元、薛收等人的听课笔录整理成书的。

《中说》也是隋唐时期一部具有明显融合儒、释、道三家特色的著作，其中所反映的王通思想有许多可贵之处。在政治上，王通以恢复王道政治为目标，倡行“仁政”，主张“三教合一”，具有一定的社会进步性；在哲学上，王通致力于探究“天人之事”，围绕天人关系这个核心，阐述了他关于自然观、发展观、认识论和历史观等方面的思想，表现了朴素唯物主义的倾向和主变思想；在文学上，王通论文主理，论诗主政教之用，论文辞主约、达、典、则，主张改革文风。

王通的这些思想主张在当时具有十分重要的进步意义。

# 焦裕禄一生艰苦朴素

焦裕禄（1922—1964年），博山县崮山乡北崮山村（今属山东省淄博市博山区崮山镇北崮山村）人。革命烈士。1946年加入中国共产党，1962年被调到河南省兰考县担任县委书记。时值该县遭受严重的内涝、风沙、盐碱三害，他坚持实事求是、走群众路线的领导方法，同全县干部和群众一起，与深重的自然灾害进行顽强斗争，努力改变兰考面貌。他身患肝癌，依旧忍着剧痛，坚持工作，被誉为“党的好干部”“人民的好公仆”。他用自己的实际行动，铸就了亲民爱民、艰苦奋斗、科学求实、迎难而上、无私奉献的焦裕禄精神。

焦裕禄经常说：“新干部不参加劳动就不能明确树立阶级观点、群众观点；老干部长期不参加劳动，思想就要起变化，要变颜色。”

生前，焦裕禄常常身体力行。无论工作多忙，他总要坚持参加集体生产劳动，始终保持着劳动人民的本色。他经常脱去外衣、卷起裤腿和群众一起干活。群众身上有多少泥，他的身上就有多少泥。他还经常和群众一起翻地、封沙丘、种泡桐、挖河渠……

就在县委决定焦裕禄住院治疗的前几天，他还挥舞铁锨在红庙公社葡萄架大队和群众一起劳动。焦裕禄经常要求下乡的干部一要带毛主席著作，二要带劳动工具和行李。

焦裕禄始终保持着艰苦朴素的作风。他的身体长期患病，家里人口又多，生活比较困难，可他却坚决拒绝政府的帮助。他说：“兰考是个重灾县，人民的生产、生活都很困难，我们应该首先想到他们，要把这些钱用到改变兰考面貌的伟大事业上去，用到改善兰考人民的生活上去。”

焦裕禄还经常教育子女做脏活、累活，到最困难的地方去，穿衣要朴素，生活要节俭，不要与他人盲目攀比。

有一次，焦裕禄发现大儿子去看戏了，就问他：“戏票是从哪弄来的？”

孩子说：“检票叔叔向我要票，我说没有。叔叔问我是谁？我说焦书记是我爸爸，检票叔叔没有收票就让我进去了。”

焦裕禄听了非常生气，当即把一家人叫来“训”了一顿，然后命令儿子立即把票钱如数送给戏院。后来，他又专门起草了一个《干部十不准》的文件，其中规定，任何干部都不准特殊化。

这个“十不准”的通知是一份既平常又不平常的通知。说它平常，是因为《通知》所规定的每一条，都是每一位共产党员、革命干部时刻应该想到、做到的起码准则；说它不平常，是因为《通知》所规定的每一条准则，都闪耀着共产主义的思想光辉，都是对特权思想的有力批判。焦裕禄把职位看作是为人民服务的岗位，把职权看作是肩负人民的委托，为革命掌权。这是一个共产党员无私的崇高革命精神的表现。

焦裕禄去世后，在他的遗物中，他的办公桌、文件柜都是原兰考县委初建时买的，有不少地方破损。当时有人劝焦裕禄换个新的，他没答应，而是修了修继续用。他用过的一条被子上缝有42个补丁，褥子上有36个补丁，同志们都劝他换床新的，他说：“我的被子破了，是需要更换新的，但应该看到，灾区的群众比我更需要。其实，我这就很好，比我要饭时披着麻包片，住在房檐底下避雪强多啦！”

焦裕禄的衣、帽、鞋、袜也都是拆洗过很多次，每件都是补了又补、缝了又缝。虽然破旧得很厉害，但焦裕禄总是舍不得换。他的爱人徐俊雅最后生气了，不给他补，他就自己动手补。

有一次，有位干部提出要装潢一下领导干部的办公室，焦裕禄严肃地说：“坐在破椅子上不能革命吗？兰考的灾区面貌还没有改变，群众生活还有困难，富丽堂皇的事不但不能做，就是连想也很危险。”

## 心灵物语

焦裕禄同志始终保持着劳动人民的本色，在艰难中创业，在困苦中与群众一起战斗，心里永远装着群众，唯独没有他自己。

## 史海钩沉

### 焦裕禄雪夜访群众

一个冬天的黄昏，天刮着大风、下着大雪。焦裕禄望着风雪，心里十分惦记群众，于是，他就让办公室立即通知各公社做好雪天六项工作：第一，所有公社干部必须深入到户，安排好群众生活；第二，所有公社和大队干部必须深入牛棚检查，保证不冻坏一头牲口；第三，安排好室内副业生产；第四，对于参加运输的人、畜，凡是被风雪阻在途中的，在哪个大队由哪个大队热情接待，保证吃得饱、住得暖；第五，教育全体党员，大雪封门的时候，到群众中去，和他们同甘共苦；最后一条，把检查执行情况迅速报告县委。

这天，风整整刮了一夜，焦裕禄屋里的电灯也亮了一夜。第二天天刚亮，他就把大家叫起来开会。焦裕禄说："在这大雪拥门的时候，我们不能坐在办公室里烤火，应该到群众中间去。共产党员要在群众最困难的时候出现在群众面前，在群众最需要帮助的时候去关心群众、帮助群众。"说罢，他就领着大家顶风冒雪出发了。

这天，焦裕禄冒着风雪，忍着剧烈的肝痛，一连走访了九个村子，访问了几十户群众，却没烤群众一把火，没喝群众一口水。

## 文苑荟萃

### 焦裕禄的《干部十不准》

1. 不准用国家的或集体的粮款或其他物资大吃大喝，请客送礼；

2. 不准参加或带头搞封建迷信活动；

3. 不准赌博；

4. 不准用粮食做酒、做糖，挥霍浪费；

5. 不准拿生产队现有的粮款或向社员派粮、派款，唱戏、演电影、办集体和其他娱乐活动，谁看戏谁拿钱，谁吃喝谁拿粮，一律不准向社员摊派；

6. 业余剧团只能在本乡本队演出，不准到外地营业演出，更不准借春节演出为名大买服装道具，大肆铺张浪费；

7. 各机关、学校、企事业单位和党员干部都要以身作则，勤俭过年，一律不得请客送礼，一律不准拿国家物资，不准到生产队提取国家统购统派物资，一律不准用公款组织晚会，一律不准送戏票。十排以前戏票不能光卖给机关或几个机关经常包完，一律不准到商业部门、合作社部门要特殊照顾；

8. 坚决反对利用职权贪污盗窃国家的或生产队的物资，坚决禁止利用封建迷信欺骗和剥削社员的破坏活动；

9. 积极搞好集体的副业生产，增加收入，改善生活，反对弃农经商，反对投机倒把；

10. 不准借春节之机大办喜事（不是不准结婚）、做寿吃喜、大放鞭炮、挥霍浪费。

# 李润五为人民鞠躬尽瘁

李润五（1939—1995年），1966年1月加入中国共产党，中共十三大代表，中共北京市委第六、第七届委员，北京市第九、第十届人大代表，曾被评为北京市优秀党员。李润五同志努力学习马列主义、毛泽东思想及邓小平理论，坚决贯彻党的路线、方针、政策，具有强烈的革命事业心和责任感。他关心群众疾苦，满腔热情地为群众排忧解难；他一身正气，廉洁奉公，严于律己，始终保持人民公仆的本色，为党和人民的利益鞠躬尽瘁，被誉为“人民的好干部”。

1985年11月，北京市东城区的一位老人订的冬煤没送到，当时任市经委副主任的李润五闻讯后，马上找来煤炭总公司副经理，两人一起赶到老人住所附近的煤场，装了一平板车的煤球，蹬着车给老人送到家里。

“不关心群众的疾苦算什么共产党员？”这是李润五经常说的一句话。

在北京市东城区当区长时，为了改造好区里24所小学的校舍，李润五几乎每天都要骑着自行车到各个学校工地去察看。光为了史家胡同小学的校舍改造，他就骑车跑了100多趟。学校的老师们都回忆说：“那时每天一大早，就有一个人骑着自行车，啃着油饼往学校赶。我们以为是工地的人，一打听才知道是李区长。”

凭着这股劲，李润五在当区长期间，硬是把东城区所有小学的校舍都统统改造了一遍。

1995年5月，北京市门头沟区王平村的一个小煤窑渗水，15个农民被堵在矿井中，生命垂危。李润五得知这一消息后，当晚就赶到事故现场，指挥救出农民。

有一次，李润五在农贸市场看到一个市场管理员正在刁难一个个体商贩，当即喝止。那个市场管理人员瞥着眼问："你是谁？你算老几？"

李润五说："我是李润五！"

那个人一听吓坏了，连声认错，一溜烟跑了。

个体商贩急得满头大汗，说："今天是没事了，可明天他再来这找茬咋办？"

李润五递给他一张自己的名片，说："他敢再来为难你，你就来找我！"

李润五当了副市长后，依然处处想着群众。1994年11月的一天，李润五参加完下午的市政府常务会，一直忙到晚上8点多，接着又驱车两个多小时赶到唐山，参加京唐两市协作项目的签约，近零点才休息。此时，他的心里还惦记着北京市民冬季取暖的问题，因此早晨5点又赶回北京，开始了一天的工作。他的秘书说，李润五每天工作时间不少于14个小时。逢到节假日，李润五也从没在家休息过。每年的元旦、春节、五一、国庆节，他一大早都要去燕化、焦化厂等企业走一趟。

李润五一直坚决贯彻党的路线、方针、政策，具有强烈的革命事业心和责任感。他关心群众疾苦，满腔热情地为群众排忧解难，始终保持着人民公仆的本色，为党和人民的利益鞠躬尽瘁，被誉为"人民的好干部"。1995年11月，李润五终因积劳成疾而过早地去世了。

## 心灵物语

不论是在基层工作，还是当上了高级干部，李润五都吃苦耐劳、关心群众，与广大群众打成一片，急人民群众所急，想人民群众所想。为了党和群众的事业，李润五同志可谓鞠躬尽瘁，死而后已。

史海钩沉

## 李润五师生见面

1965年，李润五毕业后便参加了工作。他的老师张永忠再见到他时已是1992年，这时的李润五已是北京市市长助理了。

见面时，李润五身穿褪色的中山装，下着陈旧的粗布裤，足蹬懒汉布鞋。见李润五如此装束，张老师不禁开起了学生的玩笑："润五，看你这一身，连普通工人都不如啊。"

李润五憨厚地笑着说："我就是整天和他们打交道，在工人中我是工人，在农民中我是农民。"

# 第二篇

# 不慕荣华富贵

# 季文子居高位自俭朴

季文子（？—前568年），即季孙行父，春秋时期鲁国的正卿，公元前601—前568年执政。姬姓，季氏，谥文，史称“季文子”。

季文子出身于一个三世为相的家庭，是春秋时期鲁国的贵族、著名的外交家，为官三十多年。

季文子一生俭朴，以节俭作为立身的根本，并要求家人也过俭朴的生活。他穿衣只求朴素整洁，除了朝服外，没有几件像样的衣服。每次外出，他所乘坐的车马也极其简单。

见季文子如此节俭，有个名叫仲孙它的人就劝季文子说：“你身为上卿，德高望重，但听说你在家里不准妻妾穿丝绸衣服，也不用粮食喂马，你自己也不注重容貌服饰，这样不是显得太寒酸，让别国的人笑话你吗？这样做也有损于我们国家的体面，人家会说鲁国的上卿过的是什么样的日子啊。您为什么不改变一下这种生活方式呢？这于己于国都有好处，何乐而不为呢？”

季文子听后淡然一笑，对那人严肃地说：“我也希望把家里布置得豪华典雅，但是看看我们国家的百姓，还有许多人吃着粗糙得难以下咽的食物，穿着破旧不堪的衣服，还有人正在受冻挨饿；想到这些，我怎能忍心去为自己添置家产呢？如果平民百姓都粗茶敝衣，而我则装扮妻妾，精养良马，这哪里还有为官的良心！况且，我听说一个国家的强盛与荣耀，只能通过臣民的高洁品行表现出来，并不是以他们拥有美艳的妻妾和良骥骏马来评定的。既如此，我又怎能接受你的建议呢？”

这一番话，说得仲孙它满脸羞愧，同时内心对季文子也更加敬重了。

此后，仲孙它也效仿季文子，十分注重生活的简朴，妻妾也只穿用普通布做成的衣服，家里的马匹也只是用谷糠、杂草来喂养。

## 心灵物语

季文子身居高位，不谋私利，自甘俭朴，用度从简，这样的品德确实是难能可贵的，他的事迹教育和感动着一代又一代中华子孙。

## 史海钩沉

### 季文子三思而后行

季文子行事以谨小慎微著名，凡事总要三思而后行，连孔子都认为他过于小心，“再，斯可矣。”(《论语·公冶长》)。

据《左传》所记载，鲁文公六年(公元前621年)，季文子准备出使晋国，在备好礼品后，他又让属下“使求遭丧之礼以行”。随从都不理解其中的原因，季文子解释说：“备豫不虞，古之善教也，求而无之，实难。过求何害。”

凡事总要做到有备无患，这也是季文子的行事风格。

## 文苑荟萃

### 诗经·小雅·四月

四月维夏，六月徂暑。先祖匪人，胡宁忍予？

秋日凄凄，百卉具腓。乱离瘼矣，爰其适归？

冬日烈烈，飘风发发。民莫不穀，我独何害！
山有嘉卉，侯栗侯梅。废为残贼，莫知其尤！
相彼泉水，载清载浊。我日构祸，曷云能穀？
滔滔江汉，南国之纪。尽瘁以仕，宁莫我有？
匪鹑匪鸢，翰飞戾天！匪鳣匪鲔，潜逃于渊！
山有蕨薇，隰有杞桋。君子作歌，维以告哀。

# 张俭一件旧袍三十年

张俭（962—1053年），宛平人，性格中正谨慎，不喜欢打扮自己。统和十四年，张俭中进士第一名，被委派到云州做幕僚。他在相位二十余年，对国家贡献很大，做了很多好事。

张俭性格中正谨慎，不喜欢打扮自己。统和十四年（996年），张俭中进士第一名，被委派到云州做幕僚。

按照旧规矩，皇上的车队经过某处时，当地的小吏们都要有所表示才行，其实也就是送礼。辽圣宗在云中打猎，有节度使就对他说："下官的管辖境内没有什么特产，只有一个幕僚张俭，是一代人之宝贝，愿将他献给皇上。"

于是辽圣宗召见了张俭。辽圣宗见他容貌朴质、举止放达，问到国家大事时，他很快就对30多件大事提出了正确的见解。由此，张俭得到辽圣宗重用，待遇得到了提高，职位清高显贵，号称明干。

辽圣宗开泰年间，张俭多次担任同知枢密院事。太平五年，他又被任为武定军节度使，转到了大同。太平六年，被提升为南院枢密使。

辽圣宗驾崩后，张俭受遗诏辅立太子，也就是后来的兴宗皇帝，之后张俭又被赐为贞亮弘靖保义守节耆德功臣，拜太师、中书令，加尚父，徙王陈。重熙五年，兴宗到礼部贡院亲自视察，看到张俭办事勤勉，特赐诗夸赞他。

张俭平时生活十分简朴，衣服仅仅穿䌷帛，吃饭也不吃荤，每月要是有余钱，就分给亲戚或旧友。

这年冬天，张俭在殿上奏事，皇上见他的衣袍很旧很烂，就悄悄命令身边侍卫用火夹子在张俭的衣服上烧一个小洞作上记号，结果事后却不见他换下这件衣服。皇上就问他为什么，张俭回答说："微臣穿这件衣服已经穿了30多年了。"

当时崇尚奢靡的人也经常以这个原因嘲笑张俭，但皇上怜爱其清贫，命他可以随便取走皇上内府的东西。张俭奉诏，只选了三匹粗布就走了。从这以后，他也日益受到重视。

**心灵物语**

一件衣服穿了30年，无论是在当时还是现代，都会让人觉得不可思议。皇上爱惜张俭，让他从内府任选东西，而他只选了三匹粗布，足以看出张俭骨子里那股质朴简约的精神，着实让人钦佩！

**史海钩沉**

## 辽圣宗生平

辽圣宗是辽朝及契丹的第六位皇帝(982年10月14日—1031年6月25日在位)，契丹名文殊奴。他也是辽国在位时间最长的皇帝，在位49年。

辽圣宗为辽景宗的长子，即位前曾被封为梁王。982年10月13日，辽景宗去世。次日辽圣宗登基，并于次年(983年)把国号"大辽"改为"大契丹"。

辽圣宗即位时，年仅12岁，太后萧绰执政。

萧太后在执政期间进行了一系列的改革，并且励精图治，注重发展农桑，兴修水利，减少赋税，整顿吏治，训练军队，从而使辽国出现了百姓富裕、国势强盛的良好局面。

1009年，辽圣宗亲政，此时辽国已经进入鼎盛阶段，基本上是延续了萧太后执政时的辽国风貌。同时，圣宗即位后还反对严刑峻法，不给贪官污吏以任何可乘之机。

圣宗在位期间，经常四方征战，使辽国的疆域达到了顶峰。晚年后，他开始迷信佛教，穷奢极侈，使辽国的国势逐渐走向下坡路。

辽圣宗死于辽太平十一年六月初三日（1031年6月25日），终年61岁，谥号为文武大孝宣皇帝。《辽史》赞语称他："辽之诸帝，在位长久，令名（美名）无穷，其唯（辽）圣宗乎！"

## 文苑荟萃

### 传国玺

（辽圣宗耶律隆绪）

一时制美宝，千载助兴王。
中原既失守，此宝归北方。
子孙皆慎守，世业当永昌。

# 汉文帝龙袍打补丁

汉文帝刘恒（公元前179—前156年），谥号“孝文皇帝”。汉高祖刘邦第四子，惠帝刘盈弟，母薄姬，初为代王，建都晋阳。惠帝崩，吕后分立刘恭、刘弘为帝。吕后死，齐王兄弟兴兵伐吕，周勃、陈平见势亦响应，夷灭吕氏一族，史称“荡涤诸吕”。功臣派畏齐王势壮，贪代王势孤，拥立之。公元前179年，刘恒登基为帝，在位期间，继续执行与民休息和轻徭薄赋的政策，使之在位的23年成为汉朝从国家初定走向繁荣昌盛的过渡时期。后世将这一时期与其子景帝执政的时期统称为“文景之治”。

汉文帝即位后，生活十分简朴，他自己穿粗布衣服不说，还要求后宫都要穿朴素的服饰。当时，贵夫人们长衣拖地是很时髦的，而汉文帝为了节约布料，即使自己最宠幸的夫人，也不准衣服长得下摆拖到地上。宫里的帐幕、帷子全都没有刺绣，也不带花边。

古代帝王所住的宫殿，大都修建又大又漂亮的露台，以便欣赏山水风光。汉文帝本来也想造一个露台，他找来了工匠，让他们先算算要花多少钱。工匠们说：“不算多，一百金就够了。”

汉文帝听了，吃了一惊，忙问：“这一百金合多少户中等人家的财产？”

工匠们粗粗地算了一下，说：“十户。”

汉文帝听了，又是摇头又是摆手，说：“快不要造什么露台了，现在朝廷的钱很少，还是把这些钱省下吧。”

司马迁在《史记》中记载：汉文帝“即位二十三年，宫室苑囿狗马服御无所增益”。宫室就是宫殿建筑，苑囿就是皇家园林及供皇室打猎游玩的场所，狗马即供皇帝娱乐的动物，服御即为皇帝服务的服饰、车辆、仪仗等。这些都是古代帝王们讲排场、显威严、享乐游玩必不可少的，因此帝王们也都十分重视。

然而，汉文帝当了23年的皇帝，居然没有盖宫殿，没有修园林，没有增添车辆仪仗，甚至连狗马都没有增添。不仅如此，他还能关心百姓的疾苦，刚刚即位不久就下令：由国家供养80岁以上的老人，每月都要发给他们米、肉和酒；对90岁以上的老人，还要再发一些麻布、绸缎和丝棉，给他们做衣服。春耕时，汉文帝亲自带着大臣们下地耕种，皇后也率宫女采桑、养蚕。

在临去世前，汉文帝最后安排了一次节俭的活动——他的丧事。他在遗诏中痛斥了厚葬的陋俗，要求为自己从简办理丧事，对待自己的归宿“霸陵”明确要求：“皆以瓦器，不得以金银铜锡为饰，不治坟，欲为省，毋烦民。”“霸陵山川因其故，勿有所改”，即按照山川原来的样子因地制宜，建一座简陋的陵墓，不要因为给自己建墓而大兴土木，改变了山川原来的模样。像这样一生为民、俭朴勤政，并不断改进政策，为强国富民孜孜以求的皇帝，历史上实在是不多见。

由于汉文帝这种廉洁爱民的精神和励精图治的实践，才成就了“文景之治”的盛世。据历史记载，文帝和景帝时期，国库里的钱多得数不清，穿钱的绳子都烂了；粮仓的粮食一年年往上堆，都堆到粮仓外面来了。因此，司马迁高度评价汉文帝说：“德至盛焉”“岂不仁哉”！

## 心灵物语

单从汉文帝的衣着来看，就知道他是一个朴实、爱民的好皇帝。他不铺张浪费，不讲究排场，即使在死前也告诫太子国丧期间不要禁止百姓娶妻、祭祀、饮酒，不要万民哭。可见文帝的贤明，不愧史学家评价其为“功莫大于高祖，德莫厚于汉文”。

## 史海钩沉

### 汉文帝与元宵节

农历正月十五是元宵节，又称上元节、元夜、灯节。相传，汉文帝时期，为了庆祝周勃于正月十五戡平诸吕之乱，每逢此夜必出宫游玩，与民同乐。

在古代，夜同宵，正月又称元月，因此汉文帝就将正月十五定为元宵节，这一夜就叫元宵。

后来，司马迁创建《太初历》，便将元宵节列为重大节日。隋、唐、宋以来，元宵节的传统更是盛极一时。《隋书·音乐志》曰：“每当正月，万国来朝，留至十五日于端门外建国门内，绵亘八里，列戏为戏场”，参加歌舞者足达数万，从昏达旦，至晦而罢。

随着社会和时代的变迁，元宵节的风俗习惯也已经有了很大的变化，但至今仍是我国民间的传统节日。

## 文苑荟萃

### 霸　陵

霸陵是汉文帝刘恒的陵寝，也可写作灞陵。灞，即灞河。因霸陵靠近灞河，因此得名。

霸陵位于陕西省西安市东郊白鹿原的东北角，即今霸桥区毛西乡杨家屹塔村，当地人称之为“凤凰嘴”。

霸陵在汉长安城未央宫前殿遗址东南的57千米处，是两座位于汉长安城东南的西汉帝陵之一（另一座是汉宣帝刘询的杜陵，其他九座西汉帝陵都在渭河北面的咸阳原上）。

至于汉文帝为何将霸陵选址在此，据推测，这与汉初仍遵循的“昭穆制度”有关。但从《史记》来看，霸陵选择依山而建，防盗是作为一个很重要的因素来考虑的。霸陵也是中国历史上第一个依山凿穴为玄宫的帝陵，对六朝及唐代依山为陵的建制产生了很大的影响。

由于霸陵“因山为陵，不复起坟”，也就是依山凿挖墓室，没有封土，并且史料文献对霸陵的记载也很少，所以，后人只能根据仅有的史料记载来推测霸陵的具体位置和内部结构。

霸陵的陵园史称“盛德园”，内部建有寝殿、便殿等，但目前也没有发现陵园的遗迹。据记载，霸陵在白鹿原原头的断崖上凿洞为玄宫，内部以石砌筑，并有排水系统，墓门、墓道、墓室以石片垒砌，工程十分浩大。但据估计，后来的排水系统已经被沙石堵塞，以致墓门后来被水冲开，墓室结构遭到严重破坏。霸陵最迟在西晋时期即遭盗掘，并在当时发现了大量的陪葬品。

# 殷仲堪为官反铺张

殷仲堪（？—399年），陈郡人。殷融之孙。能清言，与韩康伯齐名。调补佐著作郎，谢玄请为参军。又为长史，领晋陵太守。父病，仲堪衣不解带，执药挥泪，遂眇一目。父丧服终，孝武帝召为太子中庶子，甚相亲爱。授都督荆、益、宁三州军事，镇江陵。在州纲目不举，而好行小惠，夷夏颇安附之。安帝时，与桓玄战。兵败，为玄追兵所获，逼令自杀，死于柞溪。仲堪与从兄觊均以擅文学著名，各有著述。《隋书志》纂有杂论95卷，并行于世。撰有《殷荆州要方》，已佚。

殷仲堪在做荆州刺史时，上任期间正赶上水涝歉收，每餐只能吃五碗菜，再没有别的佳肴，饭粒掉在餐桌上，总要捡起来吃掉。

他这样做，虽然是有心要为人们做表率，却也是由于生性朴素所致。他常常对弟子们说："不要因为我出任一州长官，就认为我会把平素的意愿操守丢弃。如今，我处在这个位置上很不容易。清贫是读书人的本分，怎么能够登上高枝就抛弃它的根本呢？你们要记住这个道理。"

## 心灵物语

殷仲堪对自己要求很严，生活非常俭朴，衣食也很简单，反对铺张浪费。他的这种精神在以奢靡著称的南朝时期是很不容易的，表现了他一不随波逐流，二注意自己操守的良好道德素养。

## 史海钩沉

### 殷仲堪屏人

王绪是东晋时期太原晋阳(今山西太原)人,是东晋大臣王国宝的堂弟,曾任琅琊内史。

王绪多次向王国宝讲殷仲堪的坏话,殷仲堪很忧虑这件事,便去向王东亭请教办法。王东亭说:“你只要频繁地到王绪那里去,去后立即让左右的人走开,接着谈一些不相干的事情,这样,二王之间就会产生隔阂。”

殷仲堪听从了他的话。王国宝见到王绪后,就问他:“近来你常常与殷仲堪一道而赶走人,说些什么事情呀?”

王绪说:“确实只是很平常的交往,没有说什么。”

王国宝认为王绪对自己有所隐瞒,果然感情越来越疏远,谗言也就因此而平息了。

## 文苑荟萃

### 咏史诗(八首之一)

(晋)左 思

弱冠弄柔翰,卓荦观群书。
著论准过秦,作赋拟子虚。
边城苦鸣镝,羽檄飞京都。
虽非甲胄士,畴昔览穰苴。
长啸激清风,志若无东吴。
铅刀贵一割,梦想骋良图。
左眄澄江湘,右盼定羌胡。
功成不受爵,长揖归田庐。

# 怀冰谈虚淡之心修身

晋武帝司马炎（236—290年），晋朝开国皇帝，字安世，河内温县（今河南温县西）人，司马昭长子，在位二十五年。曹魏末年，祖司马懿、伯司马师、父司马昭相继控制朝政。魏咸熙二年（265年）司马炎为相国、晋王，同年十二月称帝，建立晋朝。太康元年（280年）灭吴，统一全国。在位期间，封同姓诸王，以郡为国，置军士，分润租调而不治吏民，希望互相维系、拱卫中央。灭吴后，裁减州郡士兵。但诸王拥有军队，有的又出镇州郡，总管军民，以致司马炎死后形成割据局面，爆发八王之乱，而少数民族上层分子乘机起兵，全国重又分裂。

在晋朝，有一位怀冰先生，文采流溢，胸藏治国安邦的雄才大略，却鄙薄君王思慕贤士的焦苦，轻视游说列国的忙碌，视荣华为粪土，视显耀为不幸。他让出肥沃的良田，去耕种偏远的盐碱地，在那里搭起简陋的茅屋，白天出耕，夜晚秉烛读书著述。在平和而自适的生活中，他任神志飘到九天之外，外界的争伐喧闹都不能扰乱他的一颗“冰”心。

一天，有一个赴京赶考求取功名的公子路过那里，听说了怀冰先生的故事，很是诧异和惋惜，叹道：“绝世的骏马栖息在空旷的山谷中，这是伯乐的耻辱；太平盛世，盖世的人才被遗忘在野外深山，这是选拔人才的官员的过失。怎么能让他独善其身，而使朝廷失去栋梁之才呢？我一定要去劝说他。”

公子一路向西，直到日暮黄昏，才找到了怀冰先生的茅屋。怀冰先生刚好肩扛锄头，身披晚霞，踏歌而归。公子走上前去向怀冰施礼，说道：“听说先生是世外高士，我特意来拜访您。”又说道：“先生虽是人中骐骥，但是隐蔽在这人迹罕至的地方，就只能像美玉沉入渊底，像虫子在盛夏冬眠一样，无人了解，又何谈让百姓受惠益，在皇帝面前立功勋呢？过去孔子曾站在岸边感叹：时间就像这流水一样滚滚逝去啊！所以善于烹饪的伊尹背着锅去投奔商汤王，正在牧牛的宁戚望见齐桓公就叩击牛角唱歌来求取官职。何必都要等像周文王那样的国君亲自来宴请呢？再说，像齐桓公、周文王这样的国君，如果没有大批贤能之士作羽翼，又怎么能创立盛世，流芳百世呢？如果都不过问世事，我们现在可能还处在蒙昧不化的时代呢。先生还是听从我的劝告，出仕立功名吧。”

公子自以为一席话慷慨陈词，合情合理，心中很得意。

怀冰先生肃然远眺，神情幽远得仿佛达到了天衢，旁若无人地说道：“唉！到了最高境界的人是顺其自然而无所作为的，不为了名禄役使自己的精神，也就没有祸害了。俸禄丰厚，责任就更重大；地位显赫，就更操心劳神。而且谄媚欺谎、残忍歹毒都因争名夺利而起。所以，陈贾自刎，为了证明弟弟的清白；侯嬴伏尸剑上，为了表明自己的忠心；荆卿为了报答燕太子丹而被砍掉了髌骨；樊于期含悲献出了自己的人头。他们糊涂呀！现在的人们虽然惧怕盛极而衰，但是贪欲不绝，就仍然去拼争。就好像厌恶水流却又潜入渊底，憎恨影子却又不站在背阴的地方，凿透舟船却又去堵小漏洞，拼命烧火却又极力制止水沸。而且，富贵不在于财富，尊贵不在于权位。因此，柏成子与许由坚辞富贵，隐遁山林。他们藏起光芒，返璞归真，寄情于笔墨之中，像风一样畅快，像云一样优游，比起戴上嚼子趴在厩里的马、披上绫罗准备作祭品的牛不是更好吗？”

公子听了也觉得有道理，但仍不服气地说：“出仕还是隐居，应该根据时势而定。现在的国君英明贤德，思贤若渴，是千载难逢的机会呀！”

怀冰先生回答道：“对于出仕还是隐居，人各有志，不能勉强。所以尧舜时期，箕山颍水也有筑巢而居的人。我的才能不适合辅君治国，我的志向只在于拥经著述，成全天性，这对教化也许有一些裨益。”

公子听了，突然感到若有所失，便郑重其事地对怀冰说道：“我明白了，先生您著述辅助教化，讨伐奸佞，抑制庸俗。没有人出仕，谁来整肃国家？没有人隐居，谁来教诲愚昧的人们？难道穿上官服才是对的，隐居闭户的人就不对吗？成群的人迷失在云雾梦境中，需要有人指明方向呀！今天听了先生的高论，才知道自己的愚昧无知，我请求为您当奴做仆，求先生赐教点拨，不要嫌弃我呀！”

## 心灵物语

虚淡内心，排除杂念，遵循本性，顺性自然而为，这就是道家“无为”观的主旨了。故事告诉人们，摒弃功名利禄的私心杂念是对的。

## 史海钩沉

### 晋朝与五胡乱华

晋朝是我国历史上九个大一统朝代之一，分为西晋(265—316年)与东晋(317—420年)两个时期。

263年，司马昭发兵攻蜀后，魏帝便以并州等十郡封司马昭为晋公，灭蜀后又进爵为晋王。265年，司马昭之子司马炎自立为皇帝，国号称“晋”，定都洛阳，史称西晋，共传四帝52年。五胡乱华时期，晋室南渡，琅琊王司马睿在建业重新建立东晋，共传十一帝104年。两晋总历时156年。

汉朝以来，不断有胡人(五胡指匈奴、鲜卑、羯、氐、羌)向中原内地迁徙，逐渐盘踞了华北地区，势力日益壮大。到了西晋时期，胡人已进入关中及泾水、渭水流域，对晋都洛阳形成了包围之势。在晋惠帝时期的八王之乱后，晋室分裂，国力空虚，民生凋敝，中原汉族的军事力量迅速衰退。胡人趁机起兵，导致中原大乱，在百余年间先后由胡人及汉人建立数十个强弱不等、大小各异的政权，史称“五胡乱华”。

■文苑荟萃

## 魏晋风度

魏晋时期是历史上的一个动乱时期，但也是一个思想活跃的时期。在这一时期，新兴门阀士大夫阶层社会生存处境极为险恶，同时，他们的人格、思想、行为又极为自信，不滞于物，不拘礼节。士人们大多都特立独行，又颇喜雅集。正是在这个时期，士大夫们创造了无数影响后世的书法作品，出现了几位令人景仰的书圣。

其中，“竹林七贤”，即阮籍、嵇康、山涛、刘伶、阮咸、向秀、王戎七人，在生活上不拘礼法，常常聚于林中喝酒纵歌，清净无为，洒脱倜傥，堪称“魏晋风度”的代表，他们的行为也得到了后来许多知识分子的赞赏。

# 徐勉“遗子孙以清白”

徐勉（466—535年），政治家，一代宗臣，既是一位贤相，也曾是一个秘书。年轻时，他在齐朝做过镇军参军、尚书殿中郎、领军长史，这些都是古代秘书性职务。萧衍建立梁朝前后，他又担任过管书记、中书侍郎、谘议参军等秘书性职务，可以说是一个老资格的秘书工作者。当然，他更是一个有名的清官。史称他居官清廉，不营产业，勤于政事，家无蓄积。

南梁时期，徐勉担任中书令的要职。他为官清廉，不营产业，家里一点积蓄也没有。朝廷发给他的俸禄，他也常常分发给家族中的贫穷者。看到徐家生活拮据，他身边的人为之担忧。

有一天，与徐勉私交较深的几位同僚一同向他进言说：“您一点儿积蓄也没有，百年之后，也得为儿孙们考虑考虑呀……”

徐勉回答说：“别人做高官留给子孙以金银财宝，但是我认为留给子孙以清白比金银财宝还厚重。我死之后，如果儿孙们有本事，就能自立自强；如果没本事，我即使留下产业，也早晚会落入他人之手。”进言的几位被他说得连连点头称是。

徐勉为官期间，因政务繁忙常常不在家，但他多次以书信方式教育子女。有几次，他写信给儿子徐崧说：“吾家世清廉，故常居贫素。至于产业之事，所未尝言，非值不经营而已……古人所谓以清白遗子孙，不亦厚乎？”

而且，徐勉还身教重于言教。有一次，朝中的某人带着厚礼见徐勉，希望徐勉帮助自己升官。徐勉拒贿，并对来人说："今夕只可谈风月，不宜及公事。"来人想求升官的话始终未敢出口。

## 心灵物语

"遗子孙以清白"这一思想绝非徐勉一时的即兴之言，而是发自他内心的真诚表露。可以看出徐勉不仅自己朴实无华，还一心想着自己的子孙后代，想让他们也把俭朴廉洁的作风保持下去。

## 史海钩沉

### 群犬惊吠

徐勉祖籍东海郯县（今山东郯城），从小便笃志好学，早厉清节。

梁天监二年（503年），徐勉被梁武帝任命为给事黄门侍郎、尚书吏部郎，参掌大选。此时，梁朝建立才刚刚一年多，梁武帝又忙于兴师北伐，朝中政务、军务十分繁忙。徐勉这时虽然已是吏部的重要官员之一，但由于他是秘书出身，极有文才。为了不延误军机，梁武帝便让徐勉参掌军书。

徐勉本来就是个十分勤勉的人，而且工作本身也确实繁忙，因此他常常要隔几十天才能回家一次。他家中养了一群狗，由于他回来得少，这些狗都不认得自己的主人了。徐勉每次回家，都要引起它们的狂吠。对此，徐勉既感到好笑，又觉得无奈。有一次，他感叹说："吾忧国忘家，乃至于此。若吾亡后，亦是传中一事。"

# 贺知章“寡欲则神逸”

贺知章（659—744年），字季真，号四明狂客，唐越州会稽永兴（今浙江杭州市萧山区）人。贺知章诗文以绝句见长，除祭神乐章、应制诗外，其写景、抒怀之作风格独特，清新潇洒，著名的《回乡偶书》两首脍炙人口，千古传诵。今尚存录入《全唐诗》共19首。

贺知章是唐朝越州永兴（今浙江省萧山区）人。幼时他发奋苦读经书，博学强记，学问日渐增长，少年时就已在越州小有名气了。他20多岁参加科举考试，尽管充满信心，可是屡试不中。一直到武则天证圣年间，才高中进士。

贺知章中了进士以后，由张说举荐，入丽正殿修书，又为太子宾客、秘书监，所以人称贺监。

贺知章入朝做事后，踌躇满志，一心一意想着继续高升，以便能光宗耀祖，所以他整日里苦干，工于心计。经年累月如此，50岁出头已感心力交瘁。

一天，贺知章在朝中忙完政务，筋疲力尽地返家，不期在路上遇到了通和先生。通和先生是远近闻名的很有造诣的道士，过去和贺知章交情深厚，两人很谈得来。

两人见面后，彼此都感惊异：贺知章感到奇怪的是，通和先生身体依然如旧，可谓驻颜有术；而通和感到奇怪的是，贺知章怎么变得如此憔悴？

双方都从疑惑中回过味来，还是通和先生先开了口：“贺先生在朝中做得顺心吗？”

一听到此话题，贺知章心中就涌上了一股难言的苦水，索性将肚中的愤懑和困惑完完全全地向老朋友倒了出来。

通和听后，大加感慨，对贺知章道：“先生为何不像我这样超脱些呢？”

贺知章一想也对，自己又为何不向通和学学呢，忙说：“有什么办法能使我也像你一样呢？”

通和见贺知章真心想学道，就对他说：“学道也要循序渐进，不可以着急。”接着又说：“应以简朴为先。生活简朴了，也就寡欲了；寡欲了，精神也就安逸了；精神安逸了，人也就‘无为而无不为’了。否则的话，就像骑马追赶你的志向一样，欲速则不达呀！”

贺知章闻听此言，连说：“先生，您说得太好了。”

通和临走前，还特别叮嘱贺知章要切记“寡欲则神逸”这句话。

自从这次见面以后，贺知章的人生之路便发生了重大变化。他辞去了朝中的所有官职，再也不追求功名，一心求道。他每日里与朋友品酒、谈笑、练书法，自号“四明狂客”。如此清心寡欲，使得他的性格变得异常旷达，身体也非常健康。

开元年间，贺知章80岁返回家乡，欣然写下了：“少小离家老大回，乡音无改鬓毛衰。儿童相见不相识,笑问客从何处来。”成为千古绝唱。

天宝初年，贺知章归隐镜湖，从此开始了彻底的隐遁生活。

后来，贺知章死于镜湖，终年85岁。这在古代可谓高寿了。

## □心灵物语

贺知章为我国唐代著名诗人，他的许多诗句为广大人民所传诵。他一生所尊崇的“寡欲则神逸”，实为养性的关键。若欲望过重，则必然精神疲惫、伤己心性。

## 史海钩沉

### 吴中四士

吴中四士指的是张若虚、贺知章、张旭和包融四人。在初、盛唐之时，四人齐名，而且四人又都是江浙一带人，这一带在古代被称为吴中，因此人们都称他们为“吴中四士”。

四人中，贺知章、张若虚是当时的著名诗人；张旭是书法家，也是诗人；包融所传诗不多。其中，诗作以张若虚的《春江花月夜》最为著名。

“四士”性格狂放，诗文也多有浪漫主义色彩，往往透露出一些新的气息、新的情趣，体现了唐诗从初唐到盛唐过渡时期的特色。

## 文苑荟萃

### 《回乡偶书》

《回乡偶书》是唐朝诗人贺知章的作品，共二首，是作者于744年(天宝三年)归隐还乡时所作。诗中既抒发了久客伤老之情，又充满久别回乡的亲切感。《回乡偶书》虽为贺知章的晚年之作，却富于生活情趣。

其一

少小离家老大回，乡音无改鬓毛衰。
儿童相见不相识，笑问客从何处来。

其二

离别家乡岁月多，近来人事半消磨。
惟有门前镜湖水，春风不改旧时波。

# 刘瞻兄弟的差别

刘瞻（809—874年），字几之，唐代连州人，父亲刘景曾就教于诗人刘禹锡。刘景进士及第，开连州学子进士之先例。刘禹锡欣然写诗以赠："湘中才子是刘郎，望在长沙住桂阳。昨日鸿都新上第，五陵年少让清光。"刘瞻于唐大中年间登进士第，因"貌奇伟，有文学，才思丰敏"，大得当时宰相刘瑑的赏识，荐为翰林大学士，拜中书舍人，户部侍郎承旨，出太原尹，兼刑部尚书，后为集贤殿大学士（即为宰相）。

刘睹是唐懿宗的宰相刘瞻的弟弟，小时候两人一同读书做文章，都十分聪明可爱。但刘睹热衷于养性修身之术，追求脱俗；而刘瞻却羡慕富贵荣达，荣光照祖。

刘睹曾对哥哥说："科举我一定没希望，我将在山林僻野中养性修身，以便于能脱俗得道。你能考上，但要为世俗之事奔波操劳，最终还是不及我。40年后，我的话就会应验，你信吗？"

刘瞻虽然听着不住地点头，但仍说："神仙的事太渺茫遥远，无法追求，还是功名和事业现实些。咱们兄弟既然志不同，就各自努力奋斗吧！"

自此以后，刘瞻埋头于苦读之中，而刘睹则全心致力于养性修身。

有一天，刘睹正在家院中潜心研究养性之道，恰好被一位四海云游的道士从门前路过看到。道士甚觉奇怪，于是信步来到刘睹面前问他：

“你年纪轻轻，也懂得养性修身之道吗？”

刘睹答道：“懂得一点。可惜我性格中还有很多世俗之气，未能超脱，一时还不能勉强求成。”

道士说：“你愿意拜我为师吗？”刘睹注视了一会儿道士，觉得道士身上暗含着一股俗人所没有的仙气，就欣然从命了。

道士见刘睹答应了，也非常高兴，吩咐刘睹说：“在山间学道不必裹头巾。”于是，刘睹就向上扎起两束头发，身穿粗布衣服，告别了家人，跟着道士进了罗浮山。

进了罗浮山后，刘睹在道士的指导下专心养性修身，道性日渐增长。而刘瞻则从进士连连升官，一直做到了宰相，并以能协调和顺地治理国家而著称。

但对于刘瞻来说，好景不长。咸通年间，因为懿宗的爱女同昌公主病故，懿宗怒杀太医官20余人，还逮捕了他们的300多名亲属。刘瞻谏争触犯了皇帝，被远贬到在今越南境内的骦州。这可真是伴君如伴虎呀！一朝的荣华富贵瞬间就烟消云散了。刘瞻被迫踏上了通往骦州的旅程。

这一日，刘瞻来到了广州朝台，由于旅途劳累，刘瞻就让船夫将船停在江滨。

忽然，有一个扎着丫角头发、身穿粗布衣服的少年前来，说是要见刘瞻。当时天下起了暴雨，但少年的衣服、鞋子却一点儿没打湿。刘瞻的随行人员都很惊讶，一再盘问，那少年只说是“宜哥来了”。

刘瞻一听，大吃一惊，马上迎接入内，因为刘睹的小名叫宜哥。

兄弟两人见面后，十分欢喜。这时刘瞻已经老态龙钟，而刘睹的容貌看上去却才20来岁的模样。刘瞻见了，真是悲喜交加。

刘睹说：“你我兄弟情同手足，过去我曾对你说过的一番话，至今已有40年了。”

刘瞻更是感叹不已，问刘睹自己能否从此开始学习养性修身。

刘睹说：“你得到了荣华富贵、高官厚禄，但用心太勤，操劳过度，身体已有损伤。我们虽是兄弟，但我已成仙，只能来与你道别，不能够救你。”

刘瞻见有此说，也深感自己这些年的确太劳心了，与养性修身之道相去甚远。他只好默默无语，再也不谈养性修身之事了。

于是兄弟两人坐船同行，叙谈阔别后各自的遭遇。

一天夜里，刘睹忽然销声匿迹。不久，刘瞻就终死在了被贬官的地方。而后来在罗浮山中，仍有人经常看到刘睹。

## 心灵物语

道教历来主张养性必须脱俗。所谓俗，是指人世间的一切功名、利禄等。这种养性的指导思想的核心仍是老子倡导的“无为”。今日，我们应辩证地看待其中具有积极意义的部分，废其糟粕。

## 史海钩沉

### 同昌公主事件

咸通十一年（870年）八月，唐懿宗的长女同昌公主因病去世，唐懿宗十分悲痛，认为是御医医治不力，因而将为同昌公主医病的翰林医官韩宗劭等20多人都杀了。这还不肯罢休，唐懿宗又将这些医官的亲人等300多人全部逮捕，关进死牢，准备斩首。一时间，整个长安闹得沸沸扬扬。

此时，作为宰相的刘瞻闻讯后，立即召集谏官，准备劝阻唐懿宗的这一暴行。然而，谏官们都很害怕，不敢开口劝谏。刘瞻只得亲自上疏谏阻，说：“修短之期，人之定分……纵劭等诊疗之时，唯求疾愈，非不尽心，而祸福难移……今械系老幼三百余人，物议沸腾，道路嗟叹……伏愿少回圣虑，宽释系者。”（《资治通鉴·唐纪六十八》）

然而，唐懿宗根本听不进去，立时便拉下脸来。刘瞻不顾，仍然据理力争。懿宗大怒，把刘瞻贬到了离京都万里之遥的驩州（今越南义安一带）为司户参军。

刘瞻为救300多无辜的性命冒死直谏，虽然获罪被贬，但他刚正不阿、不畏强暴、坚持正义的行为却永远留在了人们的心中。

## 文苑荟萃

### 道 教

道教的基本信仰是“道”。道教认为“道”是“虚无之乐，造化之根，神明之本，天地之元”，宇宙、阴阳、万物都由它化成。

在道教信仰中，与“道”并提的是“德”。道教经书中解释：“道之在我者就是德。”《自然经》中也说：“德言得者，谓于道果。”所以，道教规定信徒要“修道养德”，相信修道可以摆脱尘世间的烦恼痛苦，让生活安乐。这就是一种精神修炼，目的是使心理、精神达到清净无为的出世境界。因此，信奉道教的人都把“修道”放在首位。

在道教中，修道的方法很多，如祈禳、存思、养性、内丹、外丹等。但无论哪种方法，都是为了求得“清静无为”“离境坐忘”，都需要安静，不受外界干扰。很多信奉道教的人为了避开烦乱嘈杂的城市，都纷纷跑到深山老林中去修道。所以，城市中虽然也有道观，但大部分的道观都位于安静、空旷、风景优美的山林之中，与世俗繁华隔绝，极力营造出道教中的十大洞天、三十六小洞天、七十二福地的境界。

信奉道教的人在这样的环境清修，返璞归真，清心寡欲，加之所食纯为绿色食品，时间长了，自然集天地灵气于一身，成就仙风道骨，益寿延年。同时，优美的环境对寻访明道的病人也大有裨益。山上空气清新，住所幽静，正适合病人静养。听风声鸟鸣，看日升日落，参拜神仙，观摩法术，心病一除，身体自然恢复健康。

# 李大钊作风俭朴

李大钊（1889—1927年），字守常，河北乐亭人，1907年考入天津北洋法政专门学校，1913年毕业后东渡日本，入东京早稻田大学政治本科学习。战乱动荡的年代，艰辛备尝的生活，使李大钊从小养成了忧国忧民的情怀和沉稳坚强的性格。1915年，日本帝国主义提出灭亡中国的“二十一条”，李大钊积极参加留日学生的抗议斗争。他起草的通电《警告全国父老书》传遍全国，也因此成为著名的爱国志士。他不仅是我党早期卓越的领导人，而且是学识渊博、勇于开拓的著名学者，在中国共产主义运动和民族解放事业中，具有很高的历史地位。

伟大的共产主义战士李大钊接受了马克思主义思想以后，就积极开始宣传共产主义思想，组织马克思主义小组，进行有组织的革命活动。

留学归国后，李大钊便在北京大学担任教授。当时，他的薪俸不少，但除养家糊口外，剩余的大部分他都拿出来接济革命青年了。

李大钊有许多亲朋都是河北农村人。有一次，一位远房堂叔来北京，见到李大钊后就对他说：“大侄子，你要积攒些钱啊！”

李大钊纳闷，就问：“大叔，您什么意思？”

那堂叔悄悄地说：“自古以来，赚钱就要买房、买地，那可是根本啊！”

李大钊笑了，说：“我不买田，也不买房。我的钱除了吃饭，就买书，谁缺钱就给谁用。您要手头紧，您就说话，多了没有，少了还接济得起。”

李大钊说的是实话，他对自己的要求也极其严格，从不奢侈铺张，一年总是那套衣服。每当家人说要给他添置新衣时，他总是说：“可以了，不必太讲究！”

李大钊的妻子是位农村妇女，年龄比他大七八岁，模样也不出众，但是李大钊从不因为这些而嫌弃她。每年妻子都亲手为他缝制鞋袜，手缝鞋袜当然没有机器制造的漂亮，但当妻子将亲手做的鞋袜捧给他的时候，他总是高高兴兴地说："好极了，好极了，真是谢谢你啦！"

李大钊还经常穿着这并不十分美观的布鞋、布袜走进北京大学，登上讲台，一点儿寒酸的感觉也没有。

讲课是需要掌握好时间的，李大钊有一块普通的怀表，但由于使用的年月久了，走得总是不太准。

他的一位学生看到老师的怀表很破旧了，就在课间休息时对李大钊说："先生，您的怀表不大好使吧？"

李大钊回答说："还可以。"

学生劝李大钊说："先生，我有一位远亲是做钟表生意的，他的表我都看过，有一种金表，漂亮极了，您买一块吧。"

李大钊瞧了瞧学生，说："感谢你关照我，可是，我哪有那么多钱来买金表呢？"

学生解释说："先生，我已经问过了，我那亲戚说可以减价卖给您。"

李大钊摇摇头说："不，在我这块看起来不起眼的怀表还能走动之前，我是不会去买金表或是银表的。"

在家里，李大钊还经常帮助妻子做家务，照顾孩子。他常常对妻子说："你很辛苦，我应该多帮帮你。"

每当有客人来时，李大钊都将自己的妻子介绍给客人。每到妻子生日那一天，他就对孩子们说："今天是你们娘的生日，我们都来动手干活。"

家里的饭食都是妻子做，做的方法和口味都极普通，但李大钊从来没有挑剔过。

## 心灵物语

李大钊俭朴的作风、高尚的品德以及他崇高的牺牲精神，使他成为中华民族美德的代表。

■史海钩沉

## 李大钊的教子实践

李大钊出生时，父亲李任荣便因患肺病去世了；刚过周岁时，母亲周氏又因感伤过度而病逝。因此，李大钊是在祖父李如珍的抚养下长大的。

祖父平时管教李大钊很严，不准他外出去看赌博，更不许他骂人、打架，否则就要他接受大热天上房顶举着沉重的木杈翻麻等处罚。如此严格的家教，对李大钊的成长也产生了很深的影响。

李大钊自己做了父亲后，从祖父的家教中受到启发，对子女同样严格教育。扫雪、教歌就是他教子实践中的两则小故事。

有一年冬天，大雪纷纷扬扬地下个不停，院子里像铺了一层厚厚的棉絮。李大钊对女儿和儿子说："雪下得多大啊，你们快拿着扫帚到院子里去扫雪。要高兴的话，堆个大雪人也好。"

孩子们的外祖母心疼小外孙，就说："天这么冷，你还叫孩子们去扫雪，要是冻病了可怎么办？"

李大钊笑着说："孩子应当从小养成吃苦的习惯，免得长大了什么也不会做。身体经常活动，也会增强抵抗力。待在家里不动弹，就更怕冷了。"

说完，他就和孩子们拿着簸箕与扫帚到院子里一起扫雪。李大钊一面扫雪，一面对孩子说："将来谁也不能当寄生虫，谁要是不劳动，谁就没有饭吃！"

孩子们边扫雪，边听父亲讲新奇的故事，一点儿也不觉得冷，反而是越扫越有劲……

孩子们渐渐长大，上学后，李大钊又非常注重用音乐来陶冶孩子们的心灵，用歌曲寓理于情、寓教于乐，使孩子在愉悦中受到教育。

一个夏天的晚上，李大钊稍有空闲，就将儿子李葆华、女儿李星华喊进书房，先要他俩将当时在学校学的歌唱给他听，孩子们高兴地唱起了喜欢而又熟悉的《校歌》："啊，我们亲爱的孔德，啊，我们的北河沿！你永是青春的花园，你永是美丽的王国……"

李大钊听完歌后，并没有夸奖他们，只是幽默地说："北河沿是一条又脏又臭的水沟，我天天到北大去，都从那里经过，里面常泡着死猪、烂狗，臭烘烘的，怎么能说是孩子们青春的花园、美丽的王国呢？这个歌子太不现实了，这不是培养孩子们睁着眼睛撒谎吗？”

接着，李大钊就教孩子们唱《国际歌》。他一边弹琴，一边用低沉的声音唱着。他说，声音不能太大，让街上警察、暗探听见，他们会把我们逮起来的。

他不仅教孩子唱歌，还把歌词的大意讲解给孩子听，并且用家乡一位穷苦大伯一年辛苦到头全家还是吃不饱、穿不暖的例子，帮助孩子领会歌词的意义，加深印象。结果没教几遍，孩子们就都会唱了，而且深深地爱上了这首歌！

## 文苑荟萃

### 中国共产党成立

随着马克思主义在中国的广泛传播，1920 年到 1921 年初，中国的第一批共产主义者聚集在一起，开始了建立政党的筹备工作。

1921 年 7 月 23 日晚 8 点，中国共产党第一次全国代表大会在上海法租界望志路106号召开。参加会议的正式代表有12人，包括上海代表李达、李汉俊，北京代表张国焘、刘仁静，湖南代表毛泽东、何叔衡，湖北代表董必武、陈潭秋，山东代表王烬美、邓恩铭，广东代表陈公博和东京代表周佛海。此外，列席的还有陈独秀的代表包惠僧、共产国际代表马林以及赤色职工国际代表尼可洛夫。

在会议进行到 7 月 30 日晚上时，突然有个陌生人闯进会场又匆匆退出，引起了与会者的警觉。大家决定立即休会，并在第二天清晨转移到浙江嘉兴南湖一个画舫上举行。

会议通过了党章，选举产生了中央领导机关，陈独秀被选为中央局书记。从此，中国有了一个以马克思主义思想为指导的无产阶级政党。

中国共产党一成立，就开始领导工人阶级与帝国主义和封建主义展开斗争。从 1922 年到 1923 年，各地的工人运动也此起彼伏。

# 第三篇

# 淡泊节俭生活

# 晏子居高位生活俭朴

晏婴（公元前578—前500年），字仲，谥平，习惯上多称平仲，又称晏子。晏婴是夷维人（今山东莱州），是春秋后期一位重要的政治家、思想家、外交家。晏婴是齐国上大夫晏弱之子，以生活节俭、谦恭下士著称。据说晏婴身材不高，其貌不扬。齐灵公二十六年（公元前556年）晏弱病死，晏婴继任为上大夫。

春秋时期，有一次，齐卿晏子正在吃饭，齐景公刚好派使者到他家，晏子就把食物的一半分给使者吃，结果晏子和使者都没有吃饱。

使者回朝后，就把这一情况告诉了齐景公。景公感慨地说："唉！老先生的家境这样贫穷，我一点儿也不知道，这是我的过错啊！"

于是，齐景公下令把一千户县邑的俸禄赐给晏子。但晏子却再三谢绝，说："我家并不贫穷，由于君王的赏赐，使我三族得到恩泽，并且连带我的朋友和百姓都得到了好处。我晏婴只要有八升（古代布八十缕为升）之布，一豆（古代量器）之食，有穿有吃，就心满意足了。"

使者往返三次，晏子最终也不肯接受齐景公的赏赐。

## 心灵物语

从故事中我们可以看出，晏子虽位居高官，但生活极其俭朴，而且对生活的要求也不高，这是晏婴做官的宗旨。他认为人只要吃饱、穿暖就可以了，就心满意足了，对其他的是无所求的。晏婴的这种思想和这样的精神值得后人学习和借鉴。

## 史海钩沉

### 华而不实

有一次，齐景公对晏子说："东海里边有古铜色的水流，而在这红色水域里边有枣树，只开花，不结果，是什么原因呢？"

晏子回答说："从前，秦缪公乘龙船巡视天下，用黄布包裹着蒸枣。当龙舟泛游到东海时，秦缪公就抛弃了裹枣的黄布，让那些黄布染红了海水，所以海水呈古铜色。又因为枣被蒸过，所以种植后只开花，不结果。"

景公听完，不满意地说："我装着问，你为什么对我胡诌？"

晏子回答说："我听说，对于假装提问的人，也可以虚假地回答他。"

## 文苑荟萃

### 梁甫吟

（汉代）佚 名

步出齐城门，遥望荡阴里。
里中有三坟，累累正相似。
问是谁家墓，田疆古冶氏。
力能排南山，又能绝地纪。
一朝被谗言，二桃杀三士。
谁能为此谋，相国齐晏子。

# 丞相萧何不慕奢华

萧何（公元前257—前193年），沛（今属江苏沛县）人，西汉初期政治家，汉初三杰之一，早年任秦沛县狱吏，秦末辅佐刘邦起义。攻克咸阳后，诸将皆争夺金银财宝，他却接收了秦丞相、御史府所藏的律令、图书，掌握了全国的山川险要、郡县户口，并知民间疾苦，对日后制定政策和取得楚汉战争胜利起了重要作用。汉代建立后，以他功最高封为“酂侯”，位次第一，食邑8000户。萧何采摭秦六法，重新制定律令制度，作《九章律》（《盗律》《贼律》《囚律》《捕律》《杂律》《具律》，增加《户律》《兴律》《厩律》）。高帝十一年（公元前196年）又协助高祖消灭韩信、英布等异姓诸侯王，被拜为相国。他未能像张良那样及时地“假托神道明哲保身”，于是为了避免高祖的诛杀，便以“自毁其名”的方法，逃避了被杀的危机。高祖死后，他辅佐惠帝。惠帝二年（公元前193年）卒，谥号“文终侯”。

萧何在追随刘邦起兵反秦、兵入咸阳以后，众将们都纷纷争夺金银财物，而萧何却分文未动，只是在城里到处收集秦朝廷的律令图籍，从而帮助刘邦对天下各处的关隘险要、户口多少、风俗民情等了如指掌。

刘邦做了汉中王后，萧何便被任命为丞相。他也是西汉的第一位丞相，与张良、韩信并称为汉初三杰。萧何亲手规划和组织了都城长安的营建工程，并提倡节俭利用，不得浪费各种建筑材料。他还参与了汉初“与民休息”政策的制定，减轻了劳动人民的负担。

萧何一共担任了14年的丞相。在这14年里，萧何一直过着俭朴的生活，从不穿戴华贵的服饰，更很少食用山珍海味。

有一次，由于他的朝服已经破旧并补过很多次了，夫人就吩咐给萧何换了一件新的。萧何发现后很不高兴，立刻又换回旧朝服，并指责夫人说："做丞相就不可以穿旧衣服了吗？"

后来，萧何还规定，没有他的命令，任何人不允许随便更换他的衣服和生活用具。

在封建社会，当了官后，衣、食、住、行都与老百姓不一样了。按照当时的规定，丞相的住宅应该高门大院、富丽堂皇才与这一身份地位相称。可是，萧何给自己建造的房舍与老百姓的住宅没有什么两样，既不是高门大宅，更没有雕镂纹饰。他说："丞相也要与民休息，不能有什么特殊的地方。"

萧何虽然身居相位，但家无余财，唯有"桑几百株，薄田十几顷"，而且他在置买田产时，从来不抢肥田沃土。他说："我希望我的子孙不要堕于奢侈。"

## 心灵物语

萧何在生活上极为俭朴，即使做了丞相，也仍旧穿旧的衣服，哪怕是打上补丁，也照穿不误。身在高位，依然形同百姓，不搞任何的特殊。

## 史海钩沉

### 萧何月夜追韩信

韩信从小父母双亡，由于无法维持生活，他只好四处流浪，讨口饭吃。

后来，韩信投奔了项梁，当了个小兵，算是有了基本的衣食保证。项梁死后，项羽也只是让他当了个执戟郎中。韩信几次向项羽献计，都没受到重视。

韩信在项羽那里待了一段时间，知道项羽不是个能成大器的人，于是又投奔到刘邦那里。结果，刘邦也只是给了他一个小官做。

有一天，韩信与几位伙伴一起喝酒后，便大发牢骚。结果消息传到刘邦那里，刘邦很生气，就要将韩信斩首。韩信说："你刘邦要夺天下，怎能斩壮士呢？"刘邦知道后，将他放了，并与他谈了一次话，还升了他一级官，但还是没重用他。

萧何知道韩信是位帅才，而且这时刘邦正找人担当大将的职位，于是就向刘邦推荐了韩信，可刘邦根本不听。萧何向刘邦推荐韩信很多次，刘邦才答应要重用韩信，但没有一点儿实际表现。

韩信见刘邦并不重用他，便决定离开刘邦。萧何知道后，急忙带了几个随从追去，直追到月亮高悬半空，才将韩信追上。

追上韩信，萧何对韩信好言相劝，才将他劝回汉营。事后，萧何又向刘邦推荐韩信，说："你要夺天下，就非用韩信不可！"

这次刘邦终于听信了萧何的劝告，决定拜韩信为大将。

后来，韩信因战功卓著而被封为齐王，刘邦还将齐地作为封地授给他。饥寒交迫的韩信得到封王的优厚待遇，便死心为刘邦打天下，立下了巨大的功劳。

## 文苑荟萃

### 韩淮阴侯庙

（明）袁崇焕

一饭君知报，高风振俗耳。
如何解报恩，祸为受恩始。
丈夫亦何为，功成身可死。
陵谷有变易，遑问赤松子。
所贵清白心，背面早熟揣。
若听蒯通言，身名已为累。
一死成君名，不必怨吕雉。

# 卢怀慎一生清廉

卢怀慎（？—716年），滑州灵昌（今河南滑县西南）人。武则天时任监察御史，后历任侍御史、御史大夫，玄宗开元元年（713年）为宰相。

唐朝时期的宰相卢怀慎一生清廉节俭，从不营置家产，也不穿华美的衣服，没用过金、玉器物。虽然身处相位，但卢怀慎的妻子、儿女如同生活在贫寒之家一样，他所得的俸禄、赏赐等，也都毫不吝惜分散给亲朋好友。卢怀慎到洛阳主持选考官员，随身所带的用具只是一只布口袋。

开元四年（716年），卢怀慎年老体衰，随后便接连患病，宋璟、卢从愿都前往家中探视他，见到他睡的是破旧的竹席，坐的是单薄的草垫，门上连竹帘子都不设置。此时，外面风起雨至，主客只好举着席子遮蔽。

天晴后，卢怀慎留客人吃饭，而桌上只有蒸豆两碗、蔬菜几盘。

临别时，卢怀慎握着两人的手说："皇上谋求天下大治的心很迫切，然而在位已久，对于勤俭有些倦怠了，将会有小人乘虚而入，请你们记住我的话啊！"

卢怀慎去世后，在为他治丧时，发现其家中竟没有一点儿积蓄，身边只有一个老仆人，后来老仆人卖身才为他办了丧事。

此时，唐玄宗将要去洛阳，四门博士张星便上奏说："卢怀慎忠诚清廉，一生正直，如果不加厚赏，还有什么可以拿来勉励人们为善呢！”于是玄宗下令赏赐卢家杂绢百匹，米粟二百斛。

后来玄宗归京时，在鄂县、杜县一带围猎，远望到卢怀慎故居，四周围墙低矮简陋，好像里面正在祭奠，便派使者驰马探问。使者回报说，这是卢怀慎逝世两周年的祭日，玄宗立即下令送去细绢赏赐卢家，并停止围猎。

经过卢怀慎的坟地时，只见墓前未立石碑或其他标记，唐玄宗停住车驾临视，不禁潸然泪下，诏令官员为卢怀慎立碑，又令中书侍郎苏濒制作碑文，玄宗亲自书写。

## 心灵物语

唐朝宰相卢怀慎一生清廉节俭，他不置家产，没穿过华丽的衣服，甚至到死的时候连为他送葬的钱都没有，这种为官精神，为后代作出了榜样，是我们应该继承发扬的。

## 史海钩沉

### 唐玄宗赏赐卢怀慎后代

卢怀慎的儿子卢奂任陕郡太守，以为官清廉而闻名。开元二十四年(736年)，唐玄宗在陕城临时驻扎，褒奖了卢奂的政治才能，并在大厅题字称赞：“斯为国宝，不坠家风。”

天宝初年(742年)，卢奂出任晋陵太守。由于岭南地区有山和海的利益，故而前后的官员很多都贪赃枉法。朝廷用卢奂出任岭南太守，贪官们便都纷纷收敛了劣迹，百姓也都非常敬爱他。

# 苏轼生活节俭成习

苏轼（1037—1101年），字子瞻，又字和仲，号“东坡居士”，谥号“文忠”。苏轼是眉州眉山（即今四川眉州）人，是北宋著名文学家、书画家，散文家和诗人，豪放派代表人物。他与他的父亲苏洵、弟弟苏辙皆以文学名世，世称“三苏”；与汉末“三曹父子”（曹操、曹丕、曹植）齐名。他还是著名的唐宋八大家之一，作品有《东坡七集》《东坡乐府》等。

苏东坡是我国北宋时期一位著名的文学家、书画家。作为一代文豪，苏东坡的成就是辉煌的。然而，作为政治家来说，苏东坡却一生郁郁不得志。

从21岁中进士开始，苏东坡就开始了他的仕宦生涯，他前后共做了40年的官。但是，在这40年中，苏东坡在政治上总是遭受打击，曾多次被贬官、流放。有一次还被抓起来，押到首都汴京治罪。晚年时期，他还曾被放逐到遥远的广东、广西一带去当小官吏，直到死前半年才被赦回。

坎坷的经历，使苏东坡对下层社会有了深刻的了解，同时也让他将封建社会的黑暗看得更加清楚。也正因为如此，苏东坡一生，无论是位居高官，还是遭贬放逐，始终追求廉洁、质朴的做人风格。

在生活方面，苏东坡坚决反对铺张浪费。他在给友人的一封信中写道:“口体之欲，何穷之有？每加节约，亦是惜福延寿之道。”

这段话的意思是说:肉体上的欲望是没有限度的，然而如果能够注意节俭生活，那也算是真正找到了延年益寿的道路。由此我们可以看出，苏东坡对节俭是相当重视的。

1080年，苏东坡被贬到黄州。由于被贬后薪禄大减，再加上遭贬后，旧日那些常常来往的朋友都怕受到牵连，不愿再与他来往，更不愿资助他钱财，而他的弟弟苏辙又债台高筑，根本无法接济他，所以苏东坡当时的生活是相当窘迫的。然而，这并没有吓倒苏东坡，他依靠节俭的生活方式最终渡过了难关。

为了摆脱困境，苏东坡从不乱花一分钱。为此，他订出了一套特殊的计划开支方法。这种方法是:首先把所有的收入和手边的钱计算出来，然后将这些钱平均分成十二等份儿，每月用一份儿;然后，每份儿中再平均分成三十小份儿，每日只用一份儿。

当把这些钱全部分好后，苏东坡就将它们统统挂在屋梁上，然后每日清晨挑下一包。拿到一包钱后，他还要计划开支，能不买的就不买。一日下来，最终开支只准剩余，不准超支。而省下来的钱财，苏东坡就把它们专门放在一个另外备好的竹筒中，专用于家中的意外开支。

这样一来，日子虽然清苦，但苦中倒也自得其乐。他在给好友秦少游的信中谈到自己在黄州每日计划开支、艰难度日的清苦情景时说:“我估计手中的钱还可支持一年有余，到那时再作计划，水到渠成，不须预虑。因此胸中并没有什么负担。”

苏东坡就是这样凭着精打细算的节俭方式，最终度过了在黄州遭贬后的艰难岁月。

生活困顿时，苏东坡节俭度日;生活发生了变化后，苏东坡一样注重节俭，不铺张浪费。即便是在朝廷中做高官时，也依然没有忘记过去的苦日子，生活从不讲究奢华。在饮食上，他给自己立下了这样一个规定：每顿饭只能是一饭一菜。如果有客人来需同他一起进餐时，也只能增加两个菜，不能再多。如果有人请他去吃饭，他也要事先告诉主人不许铺排，否则就拒绝前往。

有一次，有一位与苏东坡多年不见的老友，在一个偶然的场合见到了苏东坡。旧友重逢，自然分外高兴。于是，这位老友就想找个适当的时候请苏东坡去他家吃饭。

苏东坡听说后，一再嘱咐这位朋友，千万不可大操大办追求排场，只比平时多备几个菜，老朋友在一起边吃边叙叙旧就行了。

可是几天后，当苏东坡去赴宴时，却发现那位老朋友并没有听他事先的劝告，酒席准备得相当奢华。这时，苏东坡很不客气地对他的朋友说："老兄看来并不真正了解我苏东坡，我一向主张厉行节约，你酒席备得这样奢华、排场，看来根本不是为我苏东坡所备。如此看来，我还是离开为好。"说完，他转身便要告辞。

那位老朋友见苏东坡这样认真，便解释说："先生说哪里话？先生一向生活节俭，朋友是早就知道的。但这回是例外，我们两位旧友这么长时间没有相见，今偶得重逢实在难得，难道不该好好庆贺一番？再说，先生现在正在朝中任职，是场面中的人物，我请先生，若太寒酸了，岂不太失先生身份，所以……"

"所以什么？"苏东坡没等那位朋友再往下说，抢过话头说："是朋友相聚，就该像朋友那样彼此随便、自然些，不必讲什么排场。现在你让我坐在这些山珍海味面前，一改素日节俭自约的习惯，我哪里还能吃得下去啊？我虽然在朝中做官，但做官并不意味着可以不节俭。相反，官位高了，更应该注意自律。"说完，他硬是坚持不入席。

苏东坡走后，他的朋友感慨地说："当年东坡遭难时，生活很节俭，没想到如今他身居高位后，还这样注意以俭自守。看来，东坡已经节俭成习了。"

苏东坡不仅自己十分注意生活俭朴，还十分注意用节俭来要求亲人。他有一位做高官的远亲，生活非常奢华。单是起居时“小洗面”，就要有两个人专门侍候；若是“大洗面”，侍候的人则要增至五人；如果是“大澡浴”，就要有九个人服侍。并且“澡浴”之后，还要用名贵的药膏擦身，用异香薰烤衣服。这人生活如此奢侈，自己还不以为耻，反而以为自己的行为很值得夸耀。有一次，他在给苏东坡写信时，不厌其烦地夸耀自己的“养身乐道”。苏东坡看完后非常厌恶。他在给这位远亲回信时只简单地写了一个“俭”字，希望他能在一个“俭”字面前有所醒悟，改掉奢华的习气。

苏东坡在朝廷做官时，曾三次担任宋哲宗的侍读。在这期间，他也经常向哲宗进言，讲述以俭治国的道理。他曾把古来君主成功的经验总结为“六事”，其中的一事即为：“讲节俭，简率朴素，不伤民财。”

宋神宗时期，有一年，皇帝颁旨，要大办元宵节，并要用“浙灯”四千盏。苏东坡认为，当时国库已经亏空，民不聊生，而皇帝这样做更是劳民伤财，且有助长社会上追求奢华之风的危险，于是，他连夜起草奏章——《谏买浙灯状》，使神宗终于改变了初衷。

## □心灵物语

无论是对自己还是对自己身边的朋友，苏东坡都以俭朴的生活方式去约束，可谓节俭成习。

## □史海钩沉

### 苏东坡出人头地

苏东坡在京城参加会试时，主审官是大名鼎鼎的北宋文学名家欧阳修。欧阳修在审批卷子时，被苏东坡华丽绝赞的文风所倾倒。那时为了防止徇私舞弊现象的发生，考卷都是无记名式的，所以欧阳修虽然很想点选这篇文章为第一，但他觉得此文很像自己的门生曾巩所写，怕落人口实，所以最后将苏东坡评了第二。

直到发榜时，欧阳修才知道文章的作者是苏轼。在知道真实情况后，欧阳修后悔不已，但苏东坡却一点儿计较的意思都没有。苏东坡的大度和才华让欧阳修赞叹不已：“这样的青年才俊，真是该让他出榜于人头地啊（成语出人头地就是从这儿来的）！”于是，正式收苏东坡为弟子。

## 东坡肉

苏东坡在被贬到黄州时，有著名的《猪肉颂》打油诗：

黄州好猪肉，价钱等粪土。
富者不肯吃，贫者不解煮。
慢著火，少著水，火候足时它自美。
每日起来打一碗，饱得自家君莫管。

这里的“慢著火，少著水，火候足时它自美”，就是著名的东坡肉的烹调法。苏东坡后来任杭州太守，修苏堤，兴水利，深受百姓爱戴。而这“东坡肉”也跟着沾了光，名噪杭州一带，成了当地的一道名菜。

# 朱元璋自定“四菜一汤”

朱元璋（1328—1398年），明王朝的开国皇帝，原名重八，后取名兴宗，濠州（今安徽凤阳县东）钟离太平乡人。朱元璋25岁时参加郭子兴领导的红巾军反抗蒙元暴政，龙凤七年（1361年）受封吴国公，十年后自称吴王；元至正二十八年（1368年），在基本击破各路农民起义军和扫平元的残余势力后，于南京称帝，国号大明，年号洪武，建立了全国统一的封建政权。朱元璋统治时期被称为“洪武之治”。

朱元璋在刚刚当上明朝开国皇帝时，全国各地正在闹天灾，许多地方的老百姓都扶老携幼地背井离乡，生活十分困苦。然而，一些达官贵人却在这样的灾荒年景花天酒地。出身贫苦的朱元璋从小就饱受饥寒，深知民间疾苦，因此对于达官贵人的做法十分愤恨。他决心要自上而下进行一番整治，可一时又想不出什么好办法来。

有一天，马皇后见朱元璋愁容满面，就问起原因。朱元璋把他的想法讲了出来。马皇后说：“皇上的想法很对，我们不能得了天下就忘记百姓们的疾苦。臣妾倒有一个主意，再过一个月就是我的生日，文武百官前来贺寿时，我们借此机会宴请一餐粗茶淡饭，做个榜样，你看这办法如何？”

朱元璋思索片刻后，说：“此法甚好，届时按此法行事。”

到了马皇后过生日那天，满朝的文武百官都纷纷前来祝贺。宫廷里摆了十多桌酒席，明太祖朱元璋吩咐上菜。这时，只见宫女们首先端上来的是一大碗炒萝卜，朱元璋说："萝卜者百味药也。民间有句俗话说：萝卜进了城，药铺关了门。来来来，大家快吃。"

那些吃惯了山珍海味的大臣们虽然不大愿吃，可谁也不敢不吃，只好跟着朱元璋大口大口地吃起萝卜来。

宫女们上来的第二个菜是炒韭菜，朱元璋又说："小小韭菜青又青，长治久安得人心。愿你们吃了这个菜，能使你们管辖的地方黎民百姓安居乐业，长治久安。"说完，朱元璋又带头夹韭菜吃，大臣们也只得乖乖地跟着吃了起来。

接着，宫女们又上了两碗青菜，朱元璋指着两碗青菜又说："两碗青菜一样香，两袖清风好臣相。我们吃朝廷的俸禄，要为百姓办事，应该像两碗青菜那样清清白白。"

随后宫女们又端来一大碗葱花豆腐汤。"哈哈！小葱豆腐青又白，公正廉明如日月，寅是寅来卯是卯，吾朝江山不改色。"大臣们虽然都不爱吃这些低下的小菜，但在皇帝面前，也只得装着高兴的样子，有滋有味地吃着。

宴会后，朱元璋当众宣布："从朕做起，今后请客，不管招待什么人，最多只能四菜一汤。今天皇后的寿宴就是榜样，谁也不许违反，否则从严惩处。"自此四菜一汤的规矩从皇宫一直流传到民间。后来有人把这四菜一汤编成四句歌谣传唱：

皇帝请客四菜一汤，萝卜韭菜长治久安。
小葱豆腐一清二白，太祖廉政百姓喜欢。

## 心灵物语

朱元璋为了百姓的生死存亡，也为了给所有人作出榜样，便制定了"四菜一汤"的规矩。他考虑的是百姓的安危，体恤的是百姓的疾苦，所以一切去繁从简，体现了内心的质朴和对江山社稷的深谋远虑。

## 鄱阳湖之战

鄱阳湖之战（1363年8月30日—10月4日）是我国元朝末年的一场重要战役。在这一战役中，朱元璋击败并杀死了强敌陈友谅。

至正二十三年（1363年）四月，陈友谅再次出兵围攻江西洪都（今南昌），水陆两军号称60万人。朱元璋在七月亲率20万人前来救援洪都。出身元军水师的陈友谅于是撤围，在我国最大的淡水湖鄱阳湖选择所擅长的水战迎战朱元璋。

仅仅九天的时间，朱元璋率领的明军舰队大军自南京出发便抵达南昌救援。明军舰队分成十一队，大船队在中央，小船队载步兵至南昌登陆支援南昌守军。七月二十日（8月29日），两军主力在鄱阳湖对峙。次日（8月30日）黎明开始大战。

前三天，明军因为船小兵少处于劣势，汉军“楼船”居高放炮石攻低处明军船舰，朱元璋的座舰也中弹被毁，他几乎被汉军俘虏，幸好锦衣卫数船奔赴救出朱元璋。

后来，朱元璋采纳了郭兴的建议，用火和投石机进攻，第四天（9月2日）起烧毁了汉军20多艘楼船舰船，汉军伤亡惨重，至少有2.5万汉兵战殁，陈友谅的哥哥也战死，陈友谅悲痛不已。

而鄱阳湖地区由于夏秋天日晒久导致水位降低，汉军楼船大而重，行动缓慢甚至搁浅，不敢靠岸。相反，明军船小速度快可利攻击，也可靠岸扎水寨作持久战。9月底，明军陆军克复南昌，部分明军舰队撤出至赣江、长江，仅留一部分舰队与汉军继续交战，等待明步军来援，完成水陆包围。

八月二十六日（10月4日），汉军企图突围退回武昌，在湖口受到明军岸上步兵万箭遮天般的连发阻截，陈友谅从船舱中探头出来，竟中流矢死，汉军于此再丧2万兵，余50万兵溃散败逃。

## 文苑荟萃

### 明朝三大才子

明朝三大才子是指明朝时期著名的才子解缙、杨慎及徐渭三个人的通称。纵观整个明代，以博学多才而论，以上三人最强。明朝三大才子的评选标准也要求必须“博览群书、博学多才”。而后世学者大都认为，其中以杨慎的学问最为渊博，足以排名第一；《永乐大典》的总编纂官解缙被公推为博学第一；而徐渭则是最多才的一位——诗、书、字、画、兵法样样精通。

杨慎的著作很多。据《明史》记载，明代记诵之博、著作之富，推杨慎为第一。除诗文外，他的杂著多达100余种，主要作品都收录于《升庵集》（81卷，又称《升庵全集》）。

解缙是明朝的第一位内阁首辅，洪武三十一年进士，官至翰林学士。据说他自幼颖敏绝伦，5岁时应口成诵，10岁时日诵数千言，12岁时尽读《四书》《五经》。明成祖时，入直文渊阁，进翰林学士，参与机务，后又兼右春坊大学士，一时诏令制作，皆出其手。

徐渭是明代杰出的书画家、文学家，自幼聪慧，文思敏捷，且胸有大志。他参加过嘉靖年间东南沿海的抗倭斗争和反对权奸严嵩的斗争，一生遭遇十分坎坷，可谓“落魄人间”。最后入狱七八年，获释后，贫病交加，以卖诗、文、画糊口，潦倒一生。他自己尤以书法自重，自称“吾书第一、诗二、文三、画四”。袁宏道等称赞他的书法“笔意奔放”“苍劲中姿媚跃出”“在王雅宜、文征仲之上”。

# 海瑞反对奢侈浪费

海瑞（1514—1587年），明代著名政治家、著名清官。字汝贤、国开，自号刚峰，后人称其为“海青天”，与宋代包拯齐名。祖上从福建晋江垵边（广西杂志有载）迁居海南琼山海厝。他自幼攻读诗书经传，博学多才，嘉靖二十八年（1549年）中举，初任福建南平教谕，后升浙江淳安和江西兴国知县。他为官清廉，洁身自爱，为人正直刚毅，职位低下时也敢于蔑视权贵。他一生忠心耿耿，直言敢谏。海瑞一生清贫，抑制豪强，安抚穷困百姓，打击奸臣污吏，因而深得民众爱戴。

明朝著名清官海瑞常对家人说：“我的薪俸不多，家中人口又多，一定不可浪费。饭食清淡一些，不要经常买肉。”

有一次，海瑞家中的仆人一次就买了二斤肉，这件事竟引起了当地人的注意，因为这是空前的。一打听，原来是海瑞母亲的生日要到了，家人才破例多买了点肉。

作为县令，给海瑞送礼行贿的大有人在，对此，海瑞一概将其拒之门外，并严禁下属贪赃枉法。有些好心人见海瑞日子过得节俭清贫，就常常在私下送些蔬菜之类，海瑞发现后，也都坚决退回。

海瑞还经常对家人说：“我们可以在衙门的空地上种点蔬菜，劳作劳作有益身心，又可以吃到新鲜蔬菜，何乐而不为？”

说到做到。海瑞亲自开垦了一片菜地，播种、浇水、除草。几个月后，菜地一片青绿，解决了吃蔬菜的问题。

为了节省开支，他让家人闲暇时都上山砍柴。

1569年，海瑞升任为右佥都御史、钦差总督粮道巡抚应天十府。这是个权力很大的官职。按朝廷规定，每次出巡，前有鼓乐引导，后有护卫，左右有旌旗官牌，三班六役，前呼后拥，十分威风。

但海瑞却看不惯这一套劳民伤财的制度，很想废除它。于是他下令，每次出巡不再用鼓乐仪仗，也不许当地官员出城迎送。

以前，地方上的官吏经常利用上司巡视时搜刮民财，翻建住房，新建馆所。为了杜绝这种现象，海瑞通知沿途各县，不要改建、新建房屋，也不许添置设备，就连房中用品也不必更换，因陋就简，有住的地方就可以。

不久，海瑞再次出巡，第一个县就是一个他十分熟悉的地方。到了县界，果然没见有人来迎接；住进驿馆后，一切也都如旧时一样，没有添置新设备。

知县禀报海瑞说："我们一切都按大人的叮嘱，没有为大人新造住房，也不备酒宴，望大人包涵。"

海瑞很高兴，说："这样很好，正是我希望的。以后务必坚持，千万不要铺张。"

知县送海瑞来到驿馆的正厅。海瑞曾多次来过这里，他习惯性地站在堂前打量一下全室，然后坐在椅子上休息。

陪同的人也都一一入座。海瑞刚要让县令汇报情况，突然他觉得椅子有些不对劲。他伸手摸了摸椅子座垫，心里明白了。

海瑞又站起身，走到卧室去看。一看，卧室里的被褥，还有那椅子的椅垫等，都换成了崭新的绸面。

海瑞很生气地质问知县："三令五申，你怎么还敢明知故犯？我明明记得那旧的绸面并不破旧，为何更换？"

县令面带愧色，说："下官想——"

海瑞大声呵斥说："想让我住得舒服？想让我高兴？是吗？我不需要！我看到这些并不高兴！"

县令受到申斥，他并不委屈，只感到海瑞清廉刚正名不虚传。他忙说："我立即让人们换下，仍恢复原貌。下官一定记住大人的叮嘱。"

## 心灵物语

海瑞不但耿介忠贞，刚直不阿，不畏权贵，而且在生活上也十分俭朴，反对奢侈浪费。

## 史海钩沉

### 正直的海瑞

万历初年，张居正主持国政。由于海瑞过分正直，张居正虽敬仰海瑞，但最终也没有任用他。

有一次，张居正的儿子在海瑞的家乡参加科举考试，海瑞听说后立刻给考官送信，告诫他不要徇私。果然，张居正的儿子没考上。张居正很生气，命令巡按御史考察海瑞。御史到山中审察，海瑞杀鸡为黍相招待，房屋居舍冷清简陋，御史叹息而去。御史回去报告张居正，张居正也是叹息了一阵，原本想惩治海瑞的心思也没了。

万历十二年冬天，张居正已死，皇帝向来器重海瑞，便授予他官职。第二年正月，又召其为南京右佥都御史，在道上又改为南京吏部右侍郎。当时海瑞已72岁了，上书言衰老垂死，愿效仿古人尸谏的意思，大略说："陛下励精图治，而治平教化不至的原因，在于对贪官污吏刑罚太轻。诸臣都不能说到其原因，反而借待士有礼的说法，大家交口而文其非。待士有礼，而平民百姓有什么罪呢？"因而，海瑞据明太祖刑法剥人皮装上草制成皮囊及洪武三十年定律枉法达八十贯判处绞刑的规定，说现在应用此法惩治贪污。其他谋划时政，言语都极为切实。只有劝皇帝用暴虐刑罚，当时评议认为是错的。

不久，御史梅鹍祚弹劾海瑞。皇帝虽认为海瑞言论有失，但他清楚海瑞的忠诚，为此免去梅鹃柞俸禄。

海瑞曾上书请求退休，但皇帝知其忠诚，下诏慰留不允许。万历十五年，海瑞死于任上。

## 《海瑞罢官》

《海瑞罢官》为我国著名京剧作品之一。吴晗编剧。发表于1961年。

剧情讲述的是明代松江府告老还乡的太师徐阶的第三子徐瑛霸占民田，鱼肉乡里，强占民女赵小兰。小兰的母亲洪阿兰告状，华亭县令王明友受贿，杖毙小兰的祖父。应天巡抚海瑞微服出访，路遇洪阿兰，查明真相，判处徐瑛、王明友死罪，饬令退田。后来，徐阶买通太监、权贵，妄图罢免海瑞，推翻定案。海瑞识破奸计，断然处斩二犯，然后交出大印，慨然罢官归里。

全剧主要颂扬了海瑞执法严明、为民申冤除害、不畏强暴的刚正不阿的精神。

# 严清居高位自清廉

严清（1524—1590年），字真甫（道光《昆明县志》记“字公直”），号寅所，云南昆明人。其父共有四子，严清为幼子，然“咄咄奇悟”。

严清于嘉靖癸卯（1543年）中乡举，次年中进士，后任富顺知县。

在任上，严清清廉恤民，蜚声大起，尤其以救荒而名闻天下。后来因母亡而归。除服后，补邯郸知县，依然声名不减，很快便入工部为屯田司主事；为员外郎郎中时，督修京师外城及明九陵。

在工程实施期间，严清严格管理经费，对每一分工程款都严格控制，使贪官污吏无从侵吞。工程结束后，严清为国库节省“巨万”经费。以此成绩，当叙升官职，然而严清却坚辞不受，只接受了加薪。

父亲去世后，严清服忧。除服后，又补为兵部车驾，升为保定知府。

保定府因邻近京城，老百姓的负担比其他地区都要繁重，可以说是苛政厉行。按照惯例，保定府每年要发民到京师充做库役，结果使得百姓苦不堪言。严清到任后，亲自体察民情，并经过努力请求上面废除了此项苛役。

严清在保定当了三年官，为当地的老百姓做了不少实事好事，因而深得民心。他离任后，保定府又“课复最”。后来，严清又迁升易州兵备副使、陕西参政、四川按察使、右布政使等。

隆庆二年（1568年），严清以右佥都御史巡抚贵州，尚未上任，旋改巡抚四川。严清在四川的时间较长，幕僚部属敬畏他的清廉，大都能够约束自己，因此他在任期间墨官酷吏较少。

严清熟悉四川的地情民风，所举政事皆能结合实际，体恤民情。为了尽量少劳民，他议请从四川输送京师的课税中，割出20万就近改作陕西的军饷，以减少运送之苦；为了不侵扰百姓，他又废除了每年各郡县团练到成都操练的制度；为了减轻百姓负担，他将历来没有定数的入贡“番人”数裁为定额，额外不得超一人。

严清还痛绝强宗悍吏，对横行霸道者严惩不贷，但也因此而遭人报复、诋毁。当时，“陕西贼”流入四川后，巡按王廷瞻因此而弹劾严清“纵寇”。大学士赵贞吉（四川内江人）为其据理力争，上疏道：“贼起陨、陕，贻害川徼，即有罪，当罪守土臣，不宜专责巡抚。臣蜀人，深知清约己爱人，省事任怨。今蜀地岁荒民流，方倚清如父母，奈何弃之。任事臣欲为国家利小民，必得罪豪右。论者不察，动以深文求之，顷海瑞既去，若清复罢，是任事之臣皆不免弹击，惟全躯保位为得计矣。”

皇帝本来想治严清的罪，但因赵贞吉的开脱，严清得以告候调。随后，严清解官候调。

万历二年（1574年），候调五年的严清被重新起用为山西巡抚。尚未赴任，又改抚贵州。后任大理寺卿、刑部、吏部右侍郎，再升刑部尚书。

当时，张居正是朝廷的宰相，但严清不附权贵，不尚奢华，明神宗很器重他。恰逢吏部尚书梁梦龙罢官，严清便代为吏部尚书。

在任上，严清严把用人、选人关，自丞佐以下官吏的材料，严清都要亲自批阅审查。半年后，严清得病，归昆明隐居松华别墅。在昆明养病期间，皇帝曾多次问阁臣：“严尚书病愈否？”

万历十五年（1587年），兵部缺尚书，皇帝特诏严清补缺，遣使便赶赴昆明宣旨。可惜的是，严清此时病情加重，不能成行。万历十八年（1590年），严清病逝。皇帝闻讯，十分痛惜，遂赠严清太子太保，谥“恭肃”。

严清为官清廉，勤于政事，不畏权贵，体恤民情，居官时与仆人一道食粗衣布。初为尚书时，由于清贫，无力添置豪华官服，便束素犀带上朝。同辈都嘲笑他道："公释褐时，七品玳瑁带在耶？"严清却并不在意，只是一笑了之。

## □心灵物语

严清勤于政事，生活俭朴，虽官高却并未改变朴素的生活作风，依旧粗茶淡饭，面对同辈的嘲笑，也只是一笑了之。严清非常注意自己的言行，不为世俗所困扰，亦不流于世事，可谓"清者自清"！

## □史海钩沉

### 严清与"廉石"

严清刚到兴化县上任时就宣布："兴化一方天，严清留清名。"

严清说到做到，他清正廉洁，办事公道，不收礼，不听谗言，人人都称他"案案清，事事公"。

转眼间，严清在兴化县的三年任期已满，清清白白，无人不夸。严清自己也很高兴，在离任时，他专门办了10桌酒席，在县衙上公开答谢众人，表示自己信守诺言，清清白白来，清清白白去。

谁知就在开席前来了一个少年，手中拎了一条大青鱼，鱼上还贴了张条子，上面写着："父不送行子送行，头上清来尾不清。"

严清再看那条青鱼，真是一身青到底，就是在尾子上洒了一点石灰水是白的。他顿时明白了：这就叫头清尾不清呀！事情就出在今天的宴席上。于是，严清马上命人撤去宴席，开船启程。

严清来时一把扇，去无一顶帽，空船一只，更无仆人。由于船太轻，压不住浪，他就叫船家搬了河边的一块大石头压在船头上，自己坐在后舱，小船才平稳前行。

经过两天两夜，严清才回到老家。随后他关照船家，别忘了把从兴化搬上船的石头带回兴化，并赋诗一首交船家带回：

头清尾不清，石头压船身。
千里还青石，寄望后来人。

几天过后，兴化县的父老乡亲见到石头与严大人写的诗，都忍不住流下眼泪。而那块石头被船家仍丢在水码头边。第二年春天，石头旁边竟然长出了一枝青竹。从此，人们就把这块石头叫作廉石，把旁边的竹子叫作忆清。

## 文苑荟萃

### 《殊域周咨录》

《殊域周咨录》是记载明朝时期关于邻近及有交往各国和地区边疆民族状况的著作，约成书于万历二年（1574 年）。

全书以明朝为中心，分别记载其东、南、西、北四方海陆各国和地区的道里、山川、民族、风俗、物产等，以供当时的官员出使时作为参考。所用的资料多取自明朝历年颁发的敕书、各国间交往大事和相互来往使节所作的文字记录，以及行人司所藏文书档案等。

全书共 24 卷：卷一朝鲜，卷二至卷三日本，卷四琉球，卷五至卷六安南，卷七占城，卷八真腊、暹罗、满剌加、爪哇、三佛齐、渤泥、琐里古里，卷九苏门答腊、锡兰、苏禄、麻剌、忽鲁谟斯、佛郎机、云南百夷，卷十吐蕃，卷十一佛菻、榜葛剌、默德那、天方国，卷十二哈密，卷十三吐鲁番，卷十四赤斤蒙古、安定阿端、曲先、罕东、火州，卷十五撒马儿罕、亦力把里、于阗、哈烈，卷十六至卷二十二鞑靼，卷二十三兀良哈，卷二十四女真。

全书又按地域分为东夷、南蛮、西戎、北狄四部。其中，卷九的云南百夷、卷十的吐蕃、卷十二至卷二十四所记的内容，均为明代边疆地区的民族情况。

# 黄遵宪赎旧衣

黄遵宪（1848—1905年），字公度，清末爱国诗人，杰出的外交家、政治家、教育家，1848年生于广东嘉应（今广东梅州市）。他的一生可分为四个阶段：即读书应试阶段（1863—1876年）；出使阶段（1877—1894年）；参加变法阶段（1895—1898年）；乡居阶段（1899—1905年）。1877年10月（光绪帝三年）黄遵宪应邀任参赞，随何如璋出使日本。光绪帝八年，黄遵宪调任驻美国旧金山总领事。

清代著名诗人和政治家黄遵宪一生俭朴，不尚铺张。他为官期间，积极支持变法，推行新政。

在湖南担任按察使时，有一天，黄遵宪外出办理公务，不巧赶上天下起了大雨。黄遵宪伸手摸了摸口袋，一分钱也没摸到。这时一位朋友看到了，就要借钱给他，却被黄遵宪拒绝了。他一路小跑，急匆匆地返回家去。结果在一个十字路口过马路时，突然一辆人力车跑来，黄遵宪躲闪不及，只听“嗤啦”一声，人力车的前把将他的衣服刮了一个大口子。

回到家中，夫人见他淋得像落汤鸡一样，感到又好笑又好气，就问他为什么不坐人力车回来，黄遵宪解释说没有带钱。夫人叹了口气说：“你带钱了，就装在左边的口袋里。可你只去掏右边的口袋，怎么会找到钱呢？”

黄遵宪伸手一摸左边的口袋，果然有钱。夫人发现他的衣服刮破了，就拿过来，找来针线，坐在窗口下慢慢补了起来。

三天以后，黄遵宪又要外出办事，这时才想起夫人缝补的衣服，就问她放在哪里。夫人说："那件衣服我补了又补，仍然很难补好，今天上午我把它卖给收旧衣服的人了。"

黄遵宪听完很不高兴，责怪夫人不该把衣服卖掉。夫人也很不高兴地说："你知道这件衣服穿了多少年了吗？提醒你吧，已经穿了10年了！"

黄遵宪说："不管穿了多少年，它并不破嘛！"

夫人说："怎么不破？刚刚还让人力车刮了个大口子，你怎么忘了？"

黄遵宪说："我以为，缝缝补补穿无妨！"

第二天，夫人看到黄遵宪站在门口，非常热情地一会儿替人作向导，一会儿东张西望，好像在找什么人……

又过了几天，夫人突然发现，黄遵宪身上穿了一件十分熟悉的衣服。夫人皱眉头，心想，这衣服不是卖了吗？他怎么又穿上了？

夫人一问才知道，黄遵宪站在门口是在寻找那个收废品的。他果然找到了，用钱将这件衣服赎了回来。

## 心灵物语

节俭朴素是国人的一种传统美德，是中华民族的优良传统。小到一个人、一个家庭，大到一个国家、整个人类，要想生存，要想发展，都离不开节俭朴素这四个字。

## 史海钩沉

### 维新运动

光绪二十年（1894年），正当中日战争的紧要关头，黄遵宪被两江总督张之洞调任江南洋务局总办。

次年，黄遵宪在上海会见康有为，随即参加了强学会。自此，黄遵宪便成为维新运动中的积极分子。

光绪二十二年(1896年),黄遵宪邀请梁启超到上海创办《时务报》,鼓吹变法。次年,他被任命为湖南长宝盐法道。不久,他又署理湖南按察使。

黄遵宪积极协助湖南巡抚陈宝箴推行新政,并先后创办了时务学堂、南学会、保卫局、课吏馆、不缠足会、《湘学新报》《湘报》等,使湖南成为当时全国最活跃、最有朝气的一个省。

然而,黄遵宪的行为也遭到了封建保守势力的攻击。封建保守势力说他"阴狡坚悍""自黄公度观察来而有主张民权之说"。光绪二十四年(1898年),因徐致靖奏保,光绪帝命陈宝箴将黄遵宪送部引见。八月,任命黄遵宪为出使日本大臣。

当黄遵宪行抵上海时,戊戌政变发生,黄遵宪被参奏"罪恶"与谭嗣同辈相等,"请旨饬拿""从严惩办"。由于英国驻上海总领事和日本驻华公使等人的干预,清政府才允许黄遵宪辞职还乡。

## ■文苑荟萃

### 黄遵宪巧对讽祖父

黄遵宪从小就聪颖过人,凡是作文吟诗、填词对句,处处都显示出他的才华。当时,他的祖父染上了吸食鸦片的恶习。

有一天,黄遵宪的祖父横床直卧,吸食鸦片,吞云吐雾之后,得意地吟道:"龙呵气而成云。"

黄遵宪对祖父抽鸦片的这种不良嗜好早就深恶痛绝,现在见他还吟诗作对,怡然自得,更加反感。于是,黄遵宪思索一下便高声对道:"蚕吐丝以自缚。"

黄遵宪的祖父听了,顿时面红耳赤,无言相对。他不得不叹服这个小孙子的才思敏捷,所对下联意味深长。

# 秋瑾恪守俭朴生活

秋瑾（1875—1907年），原名秋闺瑾，字璿卿，又字竞雄，号旦吾，又号鉴湖女侠，浙江山阴（今绍兴）人，自幼习文练武，忧国忧民。秋瑾婚后随官僚丈夫“混在北京”，终于不堪忍受“一地鸡毛”，抛家弃夫只身前往日本，参加革命。

为了拯救中华，女英雄秋瑾离家出走，投奔了革命。

出走时，她随身带走了属于她个人的财产，但这些财产很快都用作了革命活动的经费。她一贫如洗，过着革命者的漂泊流浪生活。

有一天，她联络革命，从早晨忙到傍晚，忽然想起一天未曾吃过一顿饭，顿时觉得又冷又饿。

秋瑾一路小跑，跑回了寄住的日本老大娘家中。

她推开门，取下放在壁橱里的自己那唯一的财产——一只柳条箱。

已经有些破损的这只柳条箱伴随秋瑾度过了无数日日夜夜。她打开箱子，箱子里有两笔钱：一笔是革命活动经费，钱虽多，可那属于革命，即使饿死，也不能动它一分一毫；还有一笔钱，那是属于她个人的，她数了数，少得可怜，只够买四根油条。

四根油条一顿就可以吃它个精光，可秋瑾从这微不足道的钱里只取出四分之一，将剩下的四分之三包好，锁进柳条箱，又轻手轻脚地来到了街上。她盘算着去哪一家小吃店。

靠东头的那一家最便宜，秋瑾直奔而去。进了店，坐下来，老板娘走过来问："您想吃点什么？"

秋瑾说："让我稍稍休息一会儿。"

其实，她哪是休息，她是在观察、琢磨买什么吃最合理。不能买油条，不能买包子，不能……

终于，她盘算好了，用这点儿钱买一碗热汤面条最理想、最实惠。

1906年，秋瑾回国了，先在上海办起了《中国女报》，次年在绍兴主持大通学堂，联络革命者。

她仍然和过去一样，过着俭朴清贫的日子。对革命，她有多少钱都可以花进去；对个人，她要精打细算，能不花钱就不花钱。跟着她的仍然是那只柳条箱。

不久以后，由于叛徒出卖，秋瑾被捕了。敌人抓走了她，也提走了她的那只柳条箱。

敌人仔仔细细地搜查了柳条箱，里边除去几件衣服及几样用品外，没有金，没有银，更没有贵重的珠宝玉石……

## 心灵物语

一只柳条箱跟随秋瑾走遍千山万水，无论生活富贵还是贫穷，秋瑾都一直恪守自己俭朴的生活方式。身为《中国女报》的创办人，她没有一样像样的东西，更不用说金银珠宝了。

## 史海钩沉

### 秋瑾就义

1907年1月14日，秋瑾在上海创办了《中国女报》，以"开通风气，提倡女学，联感情，结团体，并为他日创设中国妇人协会之基础"为办报宗旨，并为该报题写了《发刊词》，号召女界为"醒狮之前驱""文明之先导"。

后来因为母亲去世，秋瑾回到绍兴，随后又到诸暨、义乌、金华、兰溪等地联络会党。这时，大通学堂无人负责，便邀请秋瑾以董事的名义主持校务。秋瑾便以学堂为据点，继续派人到浙江省各处联络会党，自己则往来杭、沪之间，运动军学两界，准备起义。

秋瑾秘密编制了光复军制，并起草了檄文、告示等，商定先由金华起义，处州响应，诱清军离杭州出攻，然后由绍兴渡江袭击杭州。如果不克，则回到绍兴，再经金华、处州入江西、安徽，同徐锡麟呼应。本来原定是7月6日起义，后来改为19日。

然而7月6日这天，徐锡麟在安庆起义失败，绍兴绅士胡道南出卖了秋瑾。

7月10日，秋瑾已经获悉徐锡麟起义失败的消息，但拒绝了要她离开绍兴的一切劝告，表示“革命要流血才会成功”。她遣散众人，毅然留守大通学堂。

14日下午，清军包围了大通学堂，秋瑾被捕。她坚不吐供，仅书“秋风秋雨愁煞人”以对，最后慷慨就义。

## 文苑荟萃

### 红毛刀歌

秋　瑾

一泓秋水净纤毫，远看不知光如刀。
直骇玉龙蟠匣内，待乘雷雨腾云霄。
传闻利器来红毛，大食日本羞同曹。
濡血便令骨节解，断头不俟锋刃交。
抽刀出鞘天为摇，日月星辰芒骤韬。
斫地一声海水立，露风三寸阴风号。
陆专犀象水截蛟，魍魉惊避魑魅逃。
遭斯刃者凡几辈？骷髅成群血涌涛。
刀头百万英雄泣，腕底乾坤杀劫操。
且来挂壁暂不用，夜夜鸣啸声疑鸮。
英灵渴欲饮战血，也如块磊需酒浇。
红毛红毛尔休骄，尔器诚利吾宁抛。
自强在人不在器，区区一刀焉足豪？

# 巴金一生淡名利

巴金（1904—2005年），原名李尧棠，1904年11月25日出生于四川成都。在1919年爆发的伟大的五四运动影响下，巴金开始大量阅读《新青年》等进步书刊，逐步接受反帝反封建、科学民主等进步思想，走上了革命道路。巴金同志是我国五四新文化运动以来最有影响的文学大师之一，也是举世公认的杰出的小说家、散文家和出色的翻译家、卓越的编辑家、出版家，他先后创作了《灭亡》《新生》《家》《春》《秋》等长篇、中篇小说以及为数众多的短篇小说、散文、报告文学、特写、游记、童话等。巴金同志是中国共产党的亲密朋友，是著名的无党派爱国民主人士。几十年来，巴金与中国共产党肝胆相照、风雨同舟，积极参加进步社会活动，为中国革命作出了巨大贡献，但他不求名、不求利，高风亮节，令人钦佩。

巴金是我国著名的文学家。但是，他却是个不要工资的人，完全依靠稿费维持生活。巴金先生一生著述甚丰，稿费亦多，但他一不挥霍，二不购物置产，却常常一掷千金，无私捐献。

20世纪70年代末，四川人民出版社出版了一些巴金过去的著作，巴金心里很不安，便关照出版社不要给他寄稿酬。

那么，出版社如何处理这笔钱呢？在党委会上，大多数人主张以巴金的名义设立一个编辑奖。但是，巴金一向不同意以自己的名义设奖金。于是，在向巴金转述党委意见时，就说建议把稿费用来帮助那些生活困难的编辑或作者。巴金很快回信，高兴地说："稿费就用来帮助作者吧，设立奖金我不赞成，我反对用我的名字。"

1993年，巴金90岁诞辰时，四川省作家协会打算以巴金的名字设立基金会和文学奖，巴金又是坚决不同意。巴金专门致函四川省作家协会，再次表述自己的意见：“我一向不赞成以我的名字建立基金会、设立文学奖。”

巴老被安排到杭州疗养时，硬是自掏腰包交了整整6万元的食宿费。警卫惊呆了，那么多名人来住过，没见谁交过这么多钱。

几十年来，巴老以“一个老人”的身份，捐过无数次的慈善款。1997年，巴金为华东水灾一下就捐了12万，如今家人仍按他的意愿每年捐款不低于五位数。1998年，巴金获得第四届上海文学艺术奖的一笔巨款，即以“一个老人”的名义捐献给了灾区。

90年代以后，巴金几乎每年都要给希望工程办公室捐款，捐款额累计达到了50多万元。

2005年1月5日上午，上海市文联发动上海文艺界近300位著名艺术家和文艺工作者向海啸灾区捐款。得知这个消息，刚刚度过101岁生日的巴金托人两次共送去6万元。代表这位老作家前去捐款的人留下的签名却是上海作家李尧棠，这正是巴金老人的真名。

每次捐款时他总要对经办人员交代：不留巴金名、不宣传、不报道。

1985年，四川省作家协会给省委、省政府写了报告，要求恢复巴金故居。巴金知道后不同意，说：“不要恢复故居，如果将来要搞点纪念，可以在旧址钉一个牌子，上面写作家巴金诞生在这里，并在这里度过了他的童年和少年就行了。”

1986年10月，巴金连续用三封信申明他的意见。巴金在信中写道：“我想谈谈故居的事，一直没有工夫写出来。我的意思就是：不要重建我的故居，不要花国家的钱搞我的纪念。”“关于故居的事就这样说定了。不修旧宅，不花国家的钱搞这样的纪念，印几本《选集》就够了。”

2002年，出席巴金国际学术研讨会的一些代表又提议修建巴金故居，四川省委也很重视，但仍然被巴金拒绝了。

## 心灵物语

巴金是中国近现代著名的作家，他创作的《家》《春》《秋》三部曲为人们所喜爱。他一生创作颇丰，但其本人淡泊名利、乐善好施，深受世人敬仰。

## 史海钩沉

### 中国现代文学馆

1981年2月14日，巴金先生在为香港《文汇报》写的《创作回忆录》之十一《关于“寒夜”》和《创作回忆录·后记》中，最早倡议建立中国现代文学馆。

1981年3月12日，巴金先生的这一倡议在《人民日报》上正式刊载，并立即在国内外引起强烈反响。4月20日，中国作家协会主席团扩大会议讨论通过，决定筹建中国现代文学馆，并报中央批准。1981年10月13日成立建馆筹备委员会，并于1985年1月5日正式建成。

## 文苑荟萃

### 《激流三部曲》

《激流三部曲》是现代著名作家巴金的代表作。

在巴金的众多小说当中，由《家》《春》《秋》三部长篇小说组成的《激流三部曲》也是成就最高、影响最大的一部巨著。其中，第一部《家》不仅是巴金在文学道路上树起的第一块丰碑，也堪称中国现代文学史上最优秀的现实主义杰作之一。

在现代文学史上，巴金在这部小说中揭露了封建制度的弊害，这是许多作家所关注的一个重要主题。但是，像巴金这样旷日持久地坚持表现这一主题的作家并不多，而《激流三部曲》这样从内部对封建家庭作集中而又深刻的成功描写的大型作品更是罕见。撕开封建家族制度虚伪的面纱，显露它吃人的本质，并明确揭示它“木叶黄落”的穷途末路，是巴金对于中国现代文学的一个特殊贡献，也是《激流三部曲》最杰出的思想意义所在。

# 第四篇 顺其自然心坦然

# 列子御风而行

南郭子（生卒年不详），楚国人，住城郭南端，因此而得名。旧说其人为楚庄王司马，疑为庄子寓托的高士，并非历史人物。

列子师从壶丘子林，与伯昏瞀人结为莫逆之交，后来又拜老商氏为师，学习御风而行的道术。学成之后，列子乘风返回城南的家里，在家乡一带引起轰动，人们又是惊奇，又是叹服，忙着奔走相告。于是，列子一下子远近闻名，越来越多的人趋之若鹜地来到列子门下。列子天天都与来的人们谈论辩解，他也数不清来的人到底有多少。

列子的家门口门庭若市，而与列子家仅隔一墙的南郭子家却冷冷清清。他们做了整整二十年的邻居，却从不相邀相请。即使在路上偶然相遇，也从不彼此打招呼，好像互不相识一样，匆匆擦肩而过，两人大有老死不相往来之势。列子的门徒都觉得很奇怪，纷纷私下猜测，认为列子与南郭子一定有很深的仇怨。

有一次，列子给门徒们讲完了道义，坐在一起休憩闲聊。一个来自楚国的门徒迟疑了很久，终于躬身问列子道："弟子们见先生从不与南郭子往来，见了面也不打招呼，所以都很奇怪。今天我斗胆发问，先生与南郭子到底有什么仇怨呀？"

列子忙摇了摇头，说道："我与南郭子没有仇怨，是你们误解了。南郭子容貌丰满而内心清虚，耳朵好像什么也听不见，眼睛好像什么也看不见，沉默无语，无知无欲，形体上也从没有任何改变。是他对我视而不见呀，我到他那儿又去干什么呢？”

弟子们更觉奇异，一个个都睁圆了眼睛。列子见状，就说道：“即使这样，我还是跟你们一块去拜访他吧。”

列子挑选了40名弟子，一同走进了南郭子的房屋。南郭子肃然端坐，看上去就像一尊泥塑，无法让人接近。虽然40余人的脚步声音杂沓，他却好像丝毫没有觉察。

过了很久，南郭子转过头斜看了列子一眼，便看出列子的形体与精神还没有合而为一，仍然不能与之共处。

又过了很久，南郭子转过身来，面对着列子门徒中的最后一个，跟他侃侃而谈。南郭子字字珠玑，隐喻天机，真是世间少闻！

列子的40个门徒都被惊得目瞪口呆，如在梦中。

回来以后，门徒们都由惊惧转而疑惑，便去求问列子。

列子缓缓地说：“真正得到大道的人，无言；完全晓悟道理的人，也无言。无言作为表达方式，也是一种语言；无知作为表达方式，也是一种通晓。因此，无言与不说，无知与不通晓，都是一种言语和通晓呀。没有什么可说的，没有什么可知的，也就是无所不言、无所不知了。南郭子就是这样的，你们又有什么惊惧的呢？”

门徒们有的点头称是，有的仍皱眉不解。列子见了，就又说道：“记得我追随老商氏修习道术时，修习了三年，心中始终不敢存是非之念，口中始终不敢谈论利与害，才博得了老商氏的斜眼一看；五年之后，心中又存有了是非之念，口中又谈论起利与害，才博得了老商氏的开颜一笑；七年之后，任凭心去思想，也没有了是非之念，任凭开口谈论，也没有了利与害，这样，老商氏才拉着我的手，与他一起坐在同一块席子上；九年之后，放纵自己去想去谈，也不知道哪一个是我的是非利害，哪一个是他的是非利害了。内心与外物已经完全合一，不分彼此了。这时，我的眼、耳、鼻、口完全统一，功能一样了。精神凝聚，形体消失，骨与肉也融在一处了。感觉不到身体所倚靠的是什么，脚下所踏踩的又是什么，更不知道心里想些什么，口里说些什么。随风而起，乘风而行，简直不知道是风乘着我，还是我乘着风了。我御风而行的道理与南郭子是一样的，只是还不如他高明罢了！”

## 心灵物语

列子御风而行，南郭子无言而大言，都是返归于“无”，而后才气贯天地，畅通无阻。所谓无，正是淳朴仁厚、回归自然的完美体现。不苛求任何事物，一切以本我为主，任凭心去思想，朴实无华。

## 史海钩沉

### 列子拒粮

列子为官期间，贫富不移，荣辱不惊。因为家中贫穷，经常吃不饱肚子，以致面黄肌瘦。

这时，有人劝郑国的执政子阳资助列子，以博个好士之名。于是，子阳就派人送给列子十车粮食。然而列子再三致谢，却不肯收受实物。

妻子埋怨列子说：“我听说有道的人，妻子、孩子都能快乐地生活，现在我却常常挨饿。宰相送粮食给你你却不接受，我真是命苦啊。”

列子笑着对妻子说：“子阳并不是真的了解我，而是听了别人的话才送粮给我。以后，他也可能听别人的话而怪罪我，所以我不能接受。”

一年后，郑国发生变乱，子阳被杀，其党众多被株连致死，而列子却安然无恙。

## 文苑荟萃

### 杞人忧天

从前在杞国，有一个胆子很小，而且有点神经质的人，他常会想到一些奇怪的问题，让人觉得莫名其妙。

有一天，他在吃过晚饭后，就拿了一把大蒲扇坐在门前乘凉，并且自言自语地说：“假如有一天，天塌了下来，那该怎么办呢？我们岂不是无路可逃，而将活活地被压死，这不就太冤枉了吗？”

从此以后，他几乎每天都为这个问题发愁、烦恼。朋友见他终日精神恍惚、脸色憔悴，都很替他担心。但是当大家知道原因后，都跑来劝他说：“老兄啊！你何必为这件事自寻烦恼呢？天空怎么会塌下来呢？再说即使真的塌下来，那也不是你一个人忧虑发愁就可以解决的啊，想开点儿吧！”

可是，无论人家怎么说，他都不相信，仍然时常为这个不必要的问题担忧。

后来的人就根据上面这个故事，引申成“杞人忧天”这句成语。它的主要意义在唤醒人们不要为一些不切实际的事情而忧愁。它与“庸人自扰”的意义大致相同。

# 弹琴高唱送逝者

子桑户（生卒年不详），又名子桑伯子，鲁人，古代的隐士。

子桑户、孟子反、子琴张三个人在一起谈论，说："谁能够做到相交而不是有意相交，相助而不是有意相助呢？谁能够登上天空，遨游在云雾里，升腾于无极中，置生死于度外，而没有穷尽呢？"三个人相视而笑，心心相通，于是相互成了朋友。

过了不久，子桑户就死了，但还没有下葬。孔子听说后，就让弟子子贡前往帮助办理丧事。

子贡来到子桑户家，看见孟子反和子琴张两个人一个在编曲，一个在弹琴，还应和着唱道："哎呀桑户啊！哎呀桑户啊！你已经回归自然了，而我们还是活着的人啊！"

子贡感到很惊奇，就走上前问："请问，你们面对着尸体却唱起歌来，这合乎礼仪吗？"

两个人相视而笑，说："这种人哪里知道什么是礼仪呢？"

子贡回去后，把这事告诉了孔子，说："他们究竟是什么人啊？不讲求道德的修养，也不珍惜自身的存在，面对朋友的尸体唱起歌来，脸色不变，不知如何形容他们才恰当。他们究竟是什么人呢？"

孔子说："他们是超脱世俗的人，而我们是世俗之内的人。世俗之外和世俗之内是不相干的，而我却让你去前往吊唁，这是我浅陋无知呀！他们正和造物者为伴，遨游在天地间的元气之中。他们把生看作是附在身上的赘瘤，把死看作是脓疮溃破，以这样的认识，又哪里知道生死有先后优劣的差别呢？凭借着外界的物质，聚合成为一个形体；遗忘了体内的肝胆，遗忘了体表的耳目；让生命随着自然而循环变化，不探求它们的原委；茫然无知地彷徨于尘世之外；逍遥自在地生活于自然的境界中。这样，他们怎能情愿去仿效世俗的礼仪，做给一般人看呢？"

子贡听孔子这么说，就问："那么，先生倾向于哪一方面呢？"

孔子说："我应当是受自然之道惩罚的人。尽管如此，我和你仍然要共同追求那自然之道。"

子贡又问："请问自然之道的方法是什么呢？"

孔子说："鱼向往水，人向往道。向往水的，有了池塘，给养就充足了；向往道的，无所追求，心性就趋于自然了。"

子贡继续问："请问不合于俗的异人是什么人？"

孔子说："异人是不同于世俗而合乎自然的人。所以说，对于自然来说是小人的，却是世俗间的君子；对于世俗间来说是君子的，却是自然的小人。"

"死和生都不是人为力量所能左右的，如同黑夜和白天交替那样不断地变化，完全出于自然。有些事情是人们不可能参与和干预的，这都是事物自身变化的结果。人们总是把天看作生命之父，而且终生爱戴它，更何况是主宰变化的大道呢！"

"泉水干涸了，鱼儿困在陆地上相互依偎，互相大口出气来吸得一点湿气，以唾沫相互润湿，与其如此，不如将过去江湖中的生活忘掉。用大地把我的形体托载，并且用生存使我劳苦，用衰老使我闲适，用死亡使我安息。所以，把我的存在看作好事，也就因此应该把我的死亡也看作好事。”

## 心灵物语

道家思想主张质朴无华、清心寡欲，认为人的生死都是自然现象，只有看破死和生，才能使思想得到真正解放。这在当时的社会是有积极意义的。不过，道家所谓置生死于度外，是建立在虚无主义基础上的，这是不足取的。但道家反对奢华，强调顺应自然，提出返璞归真的命题，确实为中华民族的质朴传统提供了理论依据。

## 史海钩沉

### 无为而治的舜

古时候，舜品德高尚，尧便委任他来管理天下。

当时，中原到处都是洪水，以前尧曾派鲧去治理洪水，结果治理了9年也没有成功。于是，舜就派鲧的儿子禹去治水。禹果然不负众望，13年后平息了洪水。

舜和尧一样，对老百姓很宽厚，即便老百姓犯了错误，也多采用象征性的惩罚。犯了该割掉鼻子罪的人，就让他穿上赫色衣服来代替；犯了应该砍头罪的人，就只许他们穿没有领子的布衣。

为了让老百姓懂得乐舞，舜还派夔到各地去传播音乐。有人担心夔一个人不能担当重任，舜就说：“音乐之本，贵在能和。像夔这样精通音律的人，一个就足够了。”夔果然出色地完成了任务。

孔子赞叹道：“无为而治，说的正是舜啊！他自己需要做的，只要安安静静坐着而已。”

文苑荟萃

## 孔门十哲

孔门十哲指的是孔子门下最优秀的十位学生的合称。这十位学生分别为子渊、子骞、伯牛、仲弓、子有、子贡、子路、子我、子游、子夏。《论语·先进》中载，子曰：从我于陈蔡者，皆不及门也。德行：颜渊、闵子骞、冉伯牛、仲弓。言语：宰予、子贡。政事：冉有、季路。文学：子游、子夏。

# 子贡愧对种菜老农

端木赐（公元前520—前456年），字子贡，是孔门七十二贤之一，也是孔子的得意门生，且列言语科之优异者。孔子曾称其为“瑚琏之器”。他利口巧辞，善于雄辩，且有干济才，办事通达，曾任鲁、卫两国之相。他还善于经商之道，曾经经商于曹、鲁两国之间，富致千金，为孔子弟子中首富。相传，孔子病危时未赶回，子贡觉得对不起老师，别人守墓三年离去，他在墓旁再守了三年，一共守了六年。

有一次，子贡向南去到楚国游历，返回的路上经过汉阴，见到一位老人在侍弄菜园。他挖了一条地道通到井中，抱着瓮罐取水来灌溉，用力多而见效少。子贡对他说：“如果有一种机械，每天可以浇灌上百个菜畦，用力很少而见效显著，您老人家不想试试吗？”

种菜的老人仰起头看了看子贡，说：“那又怎么样呢？”

子贡说：“用木料凿制成机械，后重前轻，提水就像从井中抽出一样，快速如同水沸向外涌出一样，这种机械的名字叫桔槔。”

种菜的老人脸上露出生气的样子，冷笑了一声，说：“我听我的老师说，有了机械之类的东西就必然有机巧之类的事，有了机巧之类的事就必然产生机变之心。有了机变之心，心地的纯洁就不具备了；心地的纯洁不具备了，就心神不定；心神不定，大道就不能存留了。我不是不知道叫作桔槔的机械，只不过是感到羞耻而不用罢了。”

子贡听了这话，羞愧满面，低着头说不出什么。

过了一会儿，种菜老人问子贡：“你是做什么的？”

子贡回答道：“我是孔丘的弟子。”

种菜老人说：“不就是那个以博学比拟圣人，以夸诞矜持超群出众，以独自弦歌哀叹人世，来向天下邀取名声的人吗？自身都不能修养好，哪有闲暇治理天下呢！你走吧，不要误了我的事情。”

子贡深感惭愧，失去常容，闷闷不乐地走了三十里，心里才平和下来。

子贡的弟子问：“刚才那个人是什么人呢？先生何故见他之后变容失色，一整天都不能恢复常态呢？”

子贡说：“我原以为天下的圣人只有我的老师孔丘一个人，哪里知道还有这么一个人。我听老师说：事情求可行，功业求有成就，用力少而见效多，才是圣人之道。如今听这位老人讲，却完全不是这样。守持大道的人德行才完备，德行完备的人形体才健全，形体健全的人精神才完美，精神完美才是圣人之道。这样的人寄身于世上，与平民一起生活，并不知道自己要追求什么，多么淳厚朴素呀！功利机巧全不放在他心上。像这样的人，不是合乎他意志的不去求取，不是合乎他心愿的不去从事。

即使天下的人都称誉他，而且称誉之辞合于他的德行，他也傲然不顾；即使天下的人都非议他，而且非议之辞不合于他的实际，他也无动于衷。天下的称誉和非议对这样的人没有增加什么，也没有减少什么，这才是全德之人啊！我们只能被称作世俗之人。”

子贡返回鲁国，把所经之事告诉给孔子。孔子说：“那是修养混沌氏的道术的人。他守持自我的纯朴之性，而不顾世事的变迁；他修养内心世界，而不去治理整个社会。这样清澈素洁、虚静无为、体悟真性而守持精神，遨游于世俗间的人，你当然感到惊异。况且，混沌氏的道术，我和你这样的人又怎么能够认识呢？”

## 心灵物语

春秋战国时期，“礼崩乐坏”，是个社会大变革的时期。早期道家人物目睹了这场大变革，但很不理解，不知道这是社会发展的必然，只见到“仁义之端，是非之涂樊然淆乱”的现象，而且认为社会混乱的原因是由于圣人治理的结果，因此反对功名、机巧，主张“绝圣弃智”，一切顺其自然，返璞归真，回到原始的混沌世界，那样一切矛盾就会化为乌有，一切就太平了。这也反映了当时一些人对尔虞我诈社会的厌倦情绪，以及他们消极遁世的消极态度。社会总是在前进的，明智的人不能只看到社会黑暗的一面，也要看到社会光明的一面，而且要为光明的未来奋斗。

## 史海钩沉

### 孔子理财

孔子三岁时父亲就去世了，全靠母亲含辛茹苦把他抚养成人。据说，孔子从小就很喜欢学习，年轻时读书更是非常用功。

孔子办事还很认真，一丝不苟。他当过管理仓库的小吏，物资从来没有缺少过；后来又当管理牧业的小吏，牛羊就繁殖得很多。因此不到30岁，孔子的名声就渐渐大了起来。很多人都愿意拜他为师，他索性就办了个私塾，收起学生来。后来，就连鲁国的大夫们都把自己的孩子交给孔子教育。可以想象，孔子当时的私塾很可能与现在的贵族学校一样，为其带来了丰厚的职业收入。

公元前501年，孔子做了中都（今山东汶上县）宰。第二年，孔子做了司空（管理工程的长官），不久又从司空改任司寇。这一官职相当于现在的司法部长兼高院院长。有记载显示，当时孔子的年薪是“奉粟六万”。《史记正义》中对此的解释是：“六万小斗，当今二千石也。”据推算，孔子的年薪折合人民币大约为52.8万元，月工资为4.4万元。

文苑荟萃

## 端木书台

端木书台位于江苏省第二大水库、赣榆县内的小塔山水库拦洪大坝西端的子贡山上，是一块圆滑平整的大石。据《光绪赣榆县志》记载：从明朝时期开始，端木晒书台便为“赣榆八景之一”。

相传在春秋时期，孔子的学生子贡（姓端木，名赐，字子贡）在山上创建了端木书院(已毁),万松山从此便更名为子贡山,晒书石也被改称为“端木书台”。

春秋时期，天下分裂，各方诸侯争相称霸，连年征战，烽火狼烟。当时,鲁国的势力非常弱小,为邻国所觊觎。有一年,齐国准备兴师攻打鲁国,鲁国上下十分惊慌。

然而鲁国虽小，伟大的思想家孔子却诞生在这里。孔子桃李满天下，其中有一个名叫端木赐的卫国人能言善辩，有着卓越的外交天才，是孔子的得意门生。为了解除困境，孔子就派他去齐国游说。

端木赐不辱使命，挑起了吴齐两大国之间的战争，“止吴霸越，乱齐存鲁”。此去途经万松山，见山谷中云雾缭绕，山上松涛翻滚，乃乘兴一游，景色宜人，于是豪情大发，取笔记思。却不想天意不作美，忽然下起了大雨，端木赐败兴而归。此时，天空突然放晴，彩虹半挂。端木赐惊奇之中，却发现刚才端坐的石头已经滴水不存；端木赐更加惊奇，便将湿书放置其上，书顷刻间干燥如初，于是世间便多了一块奇石——端木书台。

# 老子与孔子论道

颜回（公元前521—前481年），字子渊，春秋时期鲁国人，享年仅32岁（据熊赐履《学统》）。颜回14岁即拜孔子为师，此后终生以师事之。在孔门诸弟子中，孔子对他称赞最多，不仅赞其“好学”，而且还以“仁人”相许。历代文人学士对他也无不推尊有加，宋明儒者更好“寻孔、颜乐处”。自汉代起，颜回被列为七十二贤之首，有时祭孔时独以颜回配享。此后历代统治者不断追加谥号：唐太宗尊之为“先师”，唐玄宗尊之为“兖公”，宋真宗加封其为“兖国公”，元文宗又尊之为“兖国复圣公”，明嘉靖九年改称“复圣”。山东曲阜还有“复圣庙”。

春秋末期，道家的创始人老聃人称为老子。周朝时，他是一位国家图书馆和历史档案馆的馆长，也是一位老寿星，传说和古代的彭祖一样活到了800多岁，最后出了函谷关，不知到哪儿去了。

老聃不但是道家的创始人，而且由于掌管周朝的文书档案和典籍，也非常有学问，收弟子多人，如御风而行的列御寇，拔一毛利天下而不为的杨朱等人都是他的学生。他的学派的三传四传弟子有彭蒙、田骈、慎到，后来的庄子是他的学说的集大成者。

孔子总觉得自己的学问不深，对道没有理解透彻，因此就去向老聃请教。

孔子到了老聃的府上时，恰恰赶上老聃刚刚洗完头发，正在晾头发。孔子看到老聃披散着头发，木然而立，不像一个活人的样子。孔子先是没敢打扰，在一个隐蔽处耐心地等待着。过了一会儿，孔子才进入老聃的住所，说："是我眼睛花呢？还是所看的东西小呢？刚才先生身体兀然立着一动不动，好像一段枯干的木头，又像是遗弃了万物离开众人而孤独一人的样子。"

老聃说："那是我在神游万物初生的混沌境界里的精神状态。"

孔子说："这是什么意思呢？"

老聃说："心困惑于它而茫然不知，口对它开着而不能说话，我试着为你议论一下它的大概吧。地的极致为阴冷之气，天的极致为炎热之气，阴冷的气根于天，炎热的气本于地，两者相互交流融合而生成万物。消亡又生息，满盈又空虚；一暗一明，日日改变，月月转化，虽有所作为而不见功效。生有所萌发之处，死有所归宿之地，始终轮回没有边际，也不知其穷尽。没有它，谁来主宰啊！"

孔子说："请问神游大道的情形。"

老聃说："能得神游于此为至美至乐。能得至美而达于至乐，就叫作至人。"

孔子说："请问达于至美至乐的道理。"

老聃说："食草的兽类，不担忧更换水草地；水生的虫类，不担忧改换池水。实行小的变化而未失去基本生活条件，喜怒哀乐之情就不会进入心里。至于天下，是万物共同生息之所。得到共同的生息之气而能混同为一，则四肢百节就将成为废物，而死生终始也将如昼夜之更迭，不能混乱，何况得失祸福之所依附啊！遗弃隶属于自己的物如同抛弃泥土，这是知晓身子贵于隶属之物。知道自身的贵重又不惜与变化俱往，而且千变万化是未曾有终极的，又何必为此心忧！懂得天道的人是会理解这个道理的。"

孔子说："先生的德行与天地匹配，而还借助至道之言以修真养性，古代的君子谁又能有负于修养呢？"

老聃说："不是这样。水之于澄澈，是无为而治才自然如此的；至人之于德行，不需修养而成，顺从天道，万物不能离开它。就像天自然就高，地自然就厚，日月自然就明亮一样，何用修养啊！”

孔子辞别老子出来，把这些自然至人无己守真的话告诉颜回，说：“我对于道的认识，就如同醋缸中的飞虫般渺小；没有先生揭开我的蒙蔽，我就不知道天地大全之理啊！”

颜回问：“至人，除您说的外，还有什么特征呢？”

孔子说：“作为至人，上可探测青天，下可潜察黄泉，纵横自如于四面八方，而神情没有变化。”想了一会儿，孔子又说：“那种至人，因顺自然而求食于大地，因顺自然而同乐于天庭。不因人事利害而相互纠缠、相互怪罪、相互图谋和相互践踏，自由自在而去，无知无虑而来。这就是至人保身全生之术了。”

颜回又进一步问道：“那么这就是达到至道了吗？”

孔子答道：“没有，我曾告诉你说：‘能像婴儿吗？’婴儿的举动不知干什么，行走不知所去的方向，身体像槁枝而心灵像死灰。这样，祸也不会到，福也不会来。没有祸福，哪里还有人为的灾害呢？”

## 心灵物语

这则故事是道家因顺天道自然反对人为的天人合一思想中的一个部分，主要教导人们不要过多地贪图人为的欲望而忘记了自然规律的制约。

## 史海钩沉

### 阳虎之乱

阳虎之乱是春秋时期鲁国家臣叛乱中持续最长、影响最大的一次叛乱。当时，阳虎的权势凌驾于“三桓”之上长达三四年。

阳虎原本是孟孙氏庶支，后来成为季孙氏的家臣。在当时，季平子很受重用。季平子死后，季孙斯（桓子）立，阳虎已成为季氏三世的“元老”了。而在处理季平子葬礼的问题上，阳虎与季孙氏另一个家臣仲梁怀之间发生争执。阳虎要求以鲁国之宝玉“玙璠”为季平子敛尸，而仲梁怀却认为那是季平子在昭公逊国时，代国君行祭时所配，而现在定公已立，不能再用了。

于是，阳虎便勾结费宰公山不狃，想联合起来一起驱逐仲梁怀。公山不狃开始时并不以为意，后来因为仲梁怀对他不敬重，他才对阳虎说："子行之乎！"

不久阳虎起事，囚禁了季桓子与公父文伯（季桓子从父昆弟），驱逐了仲梁怀。

这年十月，阳虎又杀掉了公何藐（季孙氏族人），与季桓子在稷门内设立盟誓，举行大规模的诅咒，驱逐公父文伯与秦遄（季平子姑婿），彻底清除了异己势力，完全控制了季氏家族。

鲁定公八年（公元前502年），阳虎想灭掉"三桓"，让季寤代替季氏，让叔孙辄代替叔孙氏，自己代替孟孙氏。阳虎本打算借冬祭的机会起事，然而事情败落，阳虎便逃到灌（今山东宁阳县北稍西）、阳关，占据两地而继续反叛。

## ■文苑荟萃

### 克己复礼

有一次，孔子的弟子颜回请教如何才能达到仁的境界，孔子回答说："努力约束自己，使自己的行为符合礼的要求。如果能够真正做到这一点，就可以达到仁的境界了。这是要靠自己去努力的。"

颜回又问："那么具体应当如何去做呢？"

孔子答道："不符合礼的事，就不要去看，不要去听，不要去说，不要去做。"

颜回听后对老师说："我虽然不够聪明，但决心按照先生的话去做。"

# 严遵淡然拒仕途

严遵（生卒年不详），字君平，西汉蜀郡人。严遵好老庄思想，隐居不仕，在成都以卜筮为生。他著有《老子指归》，使道家学说更条理化。扬雄少时与严遵交好，他称赞严遵“不作苟见，不治苟得，久幽而不改其操，虽随和无以加之”。后人为纪念严遵，更把他居住的街道命名为“君平街”。

严遵生性清高淡泊，不去官场做官，反而隐居起来。他时常去城里的集市上给人占卜，当天就能得到很多钱自给自足，以此为生。他给人占卜完了以后，便撤下幌子，收起占卜的摊子，闭门不出，全身心地写书弄文。

扬雄年轻的时候，跟严遵是同窗好友，他们一起游历名山大川，修养品德，增长学识。扬雄多次称赞严遵出众的才华和美好的品德。后来他们的好友李强做了益州牧，李强高兴地对扬雄说：“我做了益州牧没有别的心愿，如果能把严遵兄请出来，与我一起共计大事，我也就心满意足了。”

扬雄听了微微一笑说：“既然是这样，你可要以最尊贵的礼节去请他出山。我这个朋友禀性清高淡泊，恐怕是不能屈就的。”

王凤曾与严遵交朋友，严遵却不予理睬。当地有个名叫罗冲的富豪疑惑不解地问严遵：“你如此有才有德，怎么不去官场做官呢？”

严遵说："主要是没有什么东西能够激起我去做官的念头。"

罗冲听了他这话便去给他准备车马、衣服和干粮。严遵却对他说："我身体不好，病了，并不是有什么不满足的地方。倒是我拥有的东西绰绰有余，而你不足啊，你怎么还用你的不足来奉我的有余呢？"

罗冲不服气地说："我有金子万斤，而你连一担石头也没有，还宣称自己有余，这不是很荒唐吗？"

严遵又不慌不忙地说："你完全没有理解我的话，并不是像你说的那样。我以前住在你家，替你做事，的确很安定，吃穿不愁，但很辛苦，精神上始终也得不到休息和放松，可以说从来不曾满足过。而现在我以给别人占卜为业，自己能挣到钱，而且很多钱都落满了灰尘，让我不知道怎么来使用，这难道不是我有余，而你不足吗？"

罗冲听了非常惭愧。

严遵禁不住连连感叹说："供给我物质享受的人，却损害了我的精神；使我名声显赫，却伤害了我的身体，所以我不能去做官。"

当时世上的人都很佩服严遵，一致称道他的品德。

## 心灵物语

文章以严遵辩驳富人为证，说明严遵是个不以钱财和官职来约束自己的人。他一生看淡钱财万物，以精神上的满足来表达自己质朴淳厚的高贵品德。

## 史海钩沉

### 子云亭

据记载：子云亭在历史上的四川共有三处，一处是成都扬雄故居的"子云亭"，可惜该亭早已不存，遗址也众说纷纭；另一处是修建在四川郫县城郊扬雄故乡友爱镇的子云亭，清代乾隆年间迁建于扬雄墓侧，但亭也已不存在，只剩下土台一座。至今犹存的子云亭，就是四川绵阳西山景区的子云亭。在这个景区内，共有一大一小、一新一旧两座子云亭。

子云旧亭在扬子云读书台上，读书台位于凤凰山左端的山畔，为一块上面平坦的坚硬盘石。岩石的前端，有摩崖浮雕“扬子云真像”和扬雄传略。据民国版《绵阳县志》记载，这块浮雕为宋代时期镌刻。岩石的右侧摩崖浮雕大龛有90多尊，均为唐懿宗威通十二年镌刻的道教石刻。子云旧亭就修建在盘石之上。《绵阳县志》记载，民国六年(1917年)重修的子云亭是木结构的长方形亭台，后来被毁。到20世纪70年代，绵阳县城建局在原址上又重建了一座砖混结构的六角亭，至今犹存。

1987年，绵阳市在凤凰山凤头上新建了子云亭。新建的子云亭占地10余亩，高23米，共三层，集楼、台、亭、阁于一体，外形典雅，雄伟壮观。在子云亭景区的庭院入口处，有成都著名书法家方滨生书写的刘禹锡《陋室铭》镌刻于此，以彰显西蜀子云亭悠久的历史和深远的文化影响。

庭园中是一座扬雄的巨型花岗石雕像。子云亭下的陈列室中，陈列着扬雄的《太玄》《法言》等哲学、汉赋作品。子云亭楹柱上的楹联中，有一副由高显齐先生撰联、白允叔先生书写的长联，体现了扬雄的华章与绵州的新貌，与子云亭胜景相得益彰，展现了西蜀又一盛景。该楹联如下：

八百里飞天大道，袖拂云霞，高歌过剑门，翠廊连新市。看旗山雄，鼓岭峻，宝塔秀，神龟灵，西蜀名亭，蓬荜辉新，须知铭陋刘郎早向先生深致敬；

两千年吐凤奇才，胸罗宇宙，余韵腾涪水，书台仰古风，想长卿赋，子安文，少陵诗，永叔史，中华贤哲，词章卓古，尚有赏心介甫犹令后进倍倾城。

## 《老子指归》

《老子指归》是我国现存的第一部直接诠释和阐发老子《道德经》宗旨的著作。该著作的作者是严君平。严君平原姓庄，名遵，字君平，西汉后期隐士，蜀郡成都人。班固作《汉书》时，为了避明帝刘庄之讳，更庄为严，称严君平。

据记载，严君平平生勤奋好学，博览群书，深思多识，根据老庄之指著《老子指归》一书。

该书共十三卷，前七卷注《德经》，后六卷注《道经》。唐宋之前，这部书在老庄研究中一直都备受重视，但宋代之后后六卷便散佚，仅存前七卷，只是在诸家《老子》注释中可以见到后六卷的一些佚文。不过，从前七卷和后六卷的佚文中，仍然可以窥见该书中所阐述的基本思想。

# 陆游多才却俭朴

陆游（1125—1210年），南宋爱国诗人，字务观，号放翁，越州山阴（浙江绍兴）人。著有《剑南诗稿》《渭南文集》等数十个文集存世，自言“六十年间万首诗”，今尚存9300余首，是我国现有存诗最多的诗人。

陆游年轻时便以才气名冠朝野，然而时运不济，屡受排挤。陆游并不在乎被免官，回到家乡山阴，他以“风月轩”命名自己的书房，以讽喻宋朝皇家的俗庸。

陆游一家和当地的农民一样，每天日出而作，日落而息，住的是小平房，吃的是蔬菜、杂粮，过着贫苦的生活——有时一年竟不尝肉味。

陆游刚回乡的时候，村里人都以为他当了40多年官，必定有万贯家产，日子久了，才知道他只有万卷书，别无他物。乡亲们见他70多岁了还下田干活，日子过得艰难，有时会送些米、送条鱼给他，但都被他婉言回绝了。

1204年，正在山阴任知府兼浙东安抚使的辛弃疾来三山村看望陆游。他以为80岁的老人一定坐在家里看书、写诗享清福呢，却不料在进村的田地中碰见了披蓑携锄的陆游，真是大吃一惊。两人相携着到了陆游的家，只见几间破平房，屋里没有任何值钱的摆设，只有一屋子的书。

一年又一年，除了79岁那年又到临安做史官，陆游在村里住了将近20年。这一年，他已经85岁了，觉得身体越来越虚弱，他知道自己在世的日子不长了。

有一天，陆游把儿孙们叫到身边，说："我一向不愿对别人诉说自己的贫穷，所以知道的人很少。现在，我活在世上的日子不多了。我死后，连买棺材的钱也没有。你们千万不要去麻烦亲戚朋友，只要将我入土就成。更不能以我为借口向别人借钱，以作他用。"

儿孙们流着泪连连点头答应了老人。

没几日，陆游就告别了人世。他留给子孙的财产只有破屋几间、老牛一头，"破屋已斜犹可住，老牛虽瘠尚能耕"。

## 心灵物语

陆游的才气闻名全国，而日常生活却和当地的农民没什么区别，吃的是蔬菜、杂粮，住的是最简朴的小平房，甚至常年不识肉滋味。多么质朴的一个人啊，到死都不想去麻烦别人，让人叹之、敬之！

## 史海钩沉

### 云门草堂

云门草堂位于云门广福庵，是宋代著名诗人陆游早年的故居。北宋熙宁三年（1070年），赐"寿圣院"额，为云门寺三座副寺之一。明嘉靖年间和清康熙年间，曾二度重建。现因年久失修，佛殿塌圮，仅剩断墙残壁和几间旧屋。

陆游的父亲陆宰曾隐居云门，陆游少年时的读书处就在云门草堂。32岁时，陆游赴福建做主簿时，曾作《留题云门草堂》诗告别草堂。

云门寺占地面积共1.2万平方米，整座建筑庄严雅静，风格独特，寺庙香火鼎盛。除放生池外，殿厅堂楼等共有180余处连成一体。

寺内保留着一批国家重点保护文物，比较著名的有距今1000多年的

《大汉韶州云门光泰禅寺院故匡真大师实性碑铭并序》。

寺前有观音山，后有桂花潭，每到金秋时节，这里桂花遍地，一派灿烂景象。

## 文苑荟萃

### 钗头凤

（南宋）陆　游

红酥手，黄縢酒，满城春色宫墙柳。
东风恶，欢情薄，一怀愁绪，几年离索。
错、错、错。
春如旧，人空瘦，泪痕红浥鲛绡透。
桃花落，闲池阁，山盟虽在，锦书难托。
莫、莫、莫。

### 附钗头凤

（南宋）唐　婉

世情薄，人情恶，雨送黄昏花易落。
晓风干，泪痕残，欲笺心事，独语斜栏。
难、难、难。
人成各，今非昨，病魂尝似秋千索。
角声寒，夜阑珊，怕人询问，咽泪装欢。
瞒、瞒、瞒。